スクール
メンタルコーチ直伝

思春期コーチング

先生のための言葉かけメソッド

津村柾広 著

明治図書

まえがき　この本は先生たちへのエールです！

私は小さい頃から反抗的な子供でした。先生の指示に従わず、いつも怒られてばかりいました。小学1年生の課外授業で、牧場に行って馬の絵を描く課題を与えられたときのことです。私はいつものように先生の指示など聞かず、時間いっぱい遊びほうけていました。「残り10分」というアナウンスで我に返り、あわてて絵筆を出しましたが、間に合うはずもありません。追い込まれた私は、画用紙一面に「うま」と文字を書きました。友達に「それは絵じゃなくて習字だ」と言われましたが、「うま」の文字の周りに様々な色を塗れば立派な絵だと主張し、そのまま提出しました。その後、担任の先生から大目玉をくらったのは言うまでもありません。

小学5年生のときは野球部に所属していました。当時は野球がとても人気があり、6年生だけでも30人近くの部員がいました。下級生はランニングと球拾いしかやらせてもらえず、私の反抗心が爆発しました。「野球部なのに野球をやらせてもらえないのはおかしい！」私は5年生の部員全員を説得して、第二野球部をつくりました。もちろん学校の許可はとっていません。放課後になると、5年生だけで近くの公園で練習しました。監督もコーチもいないので、練習メニューは適当でしたが、とにかく楽しくて、毎日、日が暮れるまで野球をやりました。しかし、第二野球部をつくるなど許されるわけもなく、首謀者の私は顧問の先生にコンコンと説教されました。

中学生になり思春期に入ると、私の反抗心はピークを迎えました。傍若無人な言動にますます拍車がかかり、毎日のように問題行動を繰り返しました。そんな私にも怖れる先生がいました。その先生は常に竹刀を持っていました。私はその竹刀で、ことあるごとにこづかれました。問題行動を起こしたら「ビシッ！」。ひどいときは「おはよう」の挨拶がわりに「ビシッ！」でした。

竹刀教師は野球部の監督でした。練習中は竹刀を使わずに、ノックバットを使ってこづいてきました。練習はとにかく厳しく、怒鳴られこづかれ、しごかれました。とうとう我慢できなくなった私は、中学2年生の冬に野球をやめようと思いました。これ以上、理不尽な目にあいたくなかったし、一生懸命頑張ることをカッコ悪いと思ったのです。私は部活をサボるようになり、友達の家に入りびたってダラダラ過ごすようになりました。

　ある日の日曜日、部活に行くと嘘をついて家を出て、いつものように友達の家に行きました。夕方遅くまで遊んで、ようやく家に帰ったところに竹刀教師が現れました。呆然としていると、そこに父が加わり、いよいよ雲行きがあやしくなりました。すべての事情を知った父は激昂し「根性をたたき直してやる！」と私を庭先に引っぱり出しました。目の前に竹刀教師、後ろに鬼父。これを修羅場と言うのでしょう。

「お父さん、ちょっと待ってください！」声の主は竹刀教師でした。「この子は、やればできる子です！」竹刀教師は父と私の間に割って入りました。「この子は絶対によくなるから、私に預けてください。もう一度、野球をやらせましょう」その言葉を聞いて、父は少し冷静になったようでした。「先生はああ言っているけど、お前は野球をやる気があるのか？」私は涙でくしゃくしゃの顔で、「やります。もう一度、野球をやらせてください」と頭を下げました。1年後、中学3年生になった私は野球部のレギュラーになりました。

そして竹刀教師にこう言われました。

「津村、今日からお前がキャプテンをやれ。お前がリーダーになってチームを引っぱれ。お前なら必ずできる」

小学生の頃から問題児と呼ばれていた私が、なんとキャプテンに指名されたのです。

「はい！」私は奮い立ちました。

私は小さな頃から、自分のありあまるエネルギーをどう扱っていいのかわかりませんでした。きっと、それが問題行動や反抗的な態度になって表れたのでしょう。私は野球部のキャプテンになることで、初めて自分のエネルギーを正しいことに使う経験をしました。同時に、リーダーシップやチームへの貢献や仲間の大切さを学びました。

もし、あの先生に出会っていなかったら？　もしあの日、先生が私の家にこなかったら？　私の人生はどうなっていたのでしょう。おそらく曲がった方向に進み、まっとうな生き方をしていなかったかもしれません。竹刀教師は私の大恩人です。ただし、竹刀やノックバットを使った体罰や理不尽なしごきを肯定しているわけではありません。あれは昭和という時代がつくり出した副産物だったと思います。

30年の時を経て、メンタルコーチになった私は、何の因果か学校に出入りすることが多くなりました。問題児だった少年が、講演やワークショップや特別授業をやらせていただくようになり、1万人を超える子供たちと関わってきました。そして、たくさんの先生にお会いする機会も得ました。

ステキな先生がたくさんいる一方で、疲弊している先生も少なからずいます。「将来は先生になりたい」と夢を語った高校生に、「教員はブラックだからやめとけ」と言った先生もいます。おそらく、その先生は正直に話しただけでしょう。それほど、今の学校は閉塞感で息苦しくなっているのかもしれません。

子供たちは、12歳頃になると思春期に入り自我が芽生えます。そして「自分とは何か？」という問いへの、答え探しの旅が始まります。子供たちは旅の道中で出会う人を通して学び、徐々に自我を確立させていきます。この道中で、どんな人に会うか？　それによってその後の人生の行き先が決まります。

子供たちにとって、先生の存在は重要です。先生は子供たちの鏡なのです。だからといって、完璧な先生になる必要はありません。不完全であるひとりの人間が、果敢に挑戦する姿を見せることが思春期の子供たちを勇気づけます。

コーチングで、すべてが解決するわけではありません。しかし、思春期の子供たちの心を軽くすることはできます。同時に、先生の心を軽くすることもできます。先生が変われば、子供たちの未来が変わります。この本は先生たちへのエールです！

スクールメンタルコーチ　津村柾広

目次

1章

思春期の心を軽くするコーチングメソッド

3ステップコーチングのトレーニング

2章

子供たちには4つの気質がある

教師のためのタイプ別・コーチングアプローチ

3ステップコーチングのアイデア

3章

3ステップコーチングのプラクティス
教師のためのヒント
場面別・思春期コーチングの実例

序章　3ステップコーチングのベーシック

思春期のピンチを救う！
スクールメンタルコーチの仕事

1　いつでも、どこでも、誰でもできる123コーチング

123コーチングと書いて、**「ひふみコーチング」**と読みます。123コーチングは、とても**シンプルで簡単な3ステップコーチング**です。小学校低学年から社会人まで、いつでも、どこでも、誰でもできるのが特徴です。

現在、私は「123《ひふみ》コーチ for スクール」という世界的なプロジェクトを展開しています。2018年にプロジェクトを開始して以来、日本各地の小学校、中学校、高校で123コーチングを使った特別授業が実施されています。

オーストラリアやベトナムやアフリカの学校でも授業が行われ、2019年4月現在で、7000人を超える子供たち、教師、スポーツ指導者、保護者のみなさんがこのメソッドを体験しています。

123コーチングの3ステップは次のとおりです。

●ステップ1　今の自分を知る

「今の自分を色で例えるなら何色ですか？」

今の自分はどんな状態なのか？という気づきを与える問いです。うまくいっていることは何か？　うまくいっていないことは何か？　今の自分を色で例えるなら何色なのか？

ちょっと不思議な質問に聞こえるかもしれませんが、小学1年生でもちゃんと答えてくれます。「今の色はオレンジ！」と答える子には「へェ〜どうしてオレンジなの？」と質問してみます。「毎日楽しいから！」などと、その子なりの理由を話してくれます。

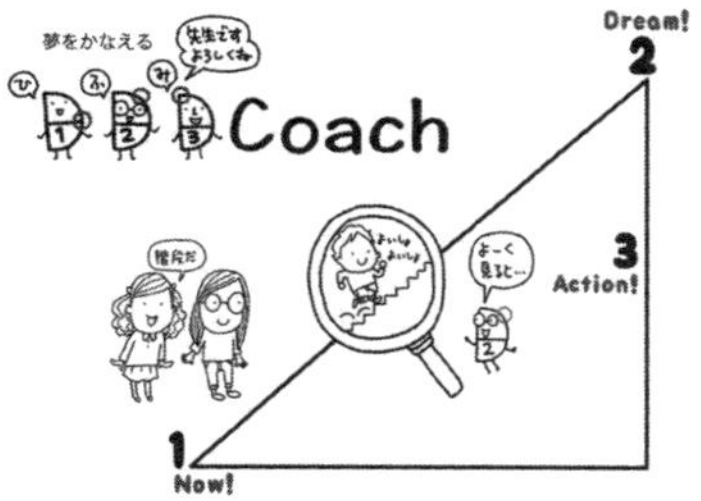

思春期になると「黒」「グレー」「ブルー」など、少しネガティブな色を言う子もいますが、それ自体に問題はありません。大切なことは、今の自分を俯瞰して見ることです。

●ステップ2　未来の自分を想像する

「1年後はどんな色になっていたいですか？」

未来の自分がどうなっていたらいいのか？というビジョンを見つけるための問いです。「1年後の目標は？」と質問をしたら、真面目な子ほど考えすぎて、理詰めで正解を導き出そうとするかもしれません。１２３コーチングのねらいは、子供たちに正解を探してほしいのではありません。未来を想像してワクワクしてほしいのです。

「1年後の未来は黒」と答えた中2男子がいました。今の自分の色も黒でした。理由は「受験のことを思うと毎日が苦しいから」でした。そこで、「今の黒と1年後の黒には違いがありますか?」と尋ねたところ、少し考えた後「1年後はちょっと光が射した黒」と答えました。答えは何色でもかまいません。大切なことは自分の未来は自分で決めるということです。自分で決めたことだから、チャレンジが生まれるのです。

●ステップ3　アクションプランを立て、チャレンジする

「今の色から1年後の色になるためには何をしたらいいですか?」

今の自分を知り、未来のビジョンを描けたら、いよいよアクションプランを引き出す問いかけをします。未来を描いてワクワクするだけでは、ただの夢想家です。どんなにすばらしいビジョンでも、行動が伴っていなければ絵に描いた餅になってしまいます。

また、アクションプランはハードルを上げすぎないことが肝心です。まずはできそうな

ことから考えてみます。例えば「お風呂にゆっくり入る」「毎朝好きな曲を聴く」「焼肉を腹いっぱい食べる」などと意識的にハードルを下げてみます。大切なことは、あの手この手とたくさんのアイデアを出すことです。そして、たくさんのアイデアの中から最初のチャレンジを決めます。最初のチャレンジは24時間以内にできることがベストです。チャレンジが決まったら、クラスメイトの前で宣言します。宣言したら、みんなから拍手と「いいね～！」という承認の声かけをもらいます。

子供たちがこの3ステップコーチングを習慣にすると、本来備わっている力が目覚めます。それは、**「現状を俯瞰して見る力」「自らの意思で目標を設定する力」「小さな一歩を踏み出す力」「他人のチャレンジを応援する力」**の4つです。この力が自律心を育てます。自律心が育てば、先生がいちいち怒鳴って指示命令するようなクラスマネジメントは必要なくなります。普段、頑張りすぎている先生のためにも123コーチングは有効です。

序章では、いくつかのエピソードを通して、学校や子供たちに起きた変化をご紹介します。思春期コーチングの切り口やアイデアのヒントになれば幸いです。

2 元女子校の弱小チームが甲子園へ

私が初めてコーチングをした思春期の子供たちは高校球児でした。弘前学院聖愛高校野球部の1年生と2年生およそ30人。聖愛高校は元女子校で2000年から共学になり硬式野球部ができました。最初の公式戦は20点差で大敗するほど弱いチームでしたが、徐々に力をつけ甲子園にあと一歩のところまで迫っていました。ここ数年は、準々決勝や準決勝まで勝ち進んでも、最後は強豪校の厚い壁にはばまれる状態でした。

このような中で、監督はチームづくりの方針転換をしようと試みました。選手が主体となった自律したチームづくりを目指したのです。ところが、監督の意向に反して、主体性と自分勝手を履き違えた選手たちは、規律を失いチームはバラバラになり、互いを責め合うようになりました。小学生の頃から、指導者の命令に従うことに慣れきってしまった子供たちは、主体性のもち方がわからなかったのです。

実は以前の聖愛高校では、監督がチームの全権を握り、指示命令するトップダウンの指導をしていました。経験豊富な監督が選手に教え込むトップダウンは高校野球に限らず、多くの部活動で取り入れられています。しかし、トップダウンをすればするほど、選手は指示を待つだけになり、自ら考え行動する自律心を失います。

私は自律心を目覚めさせるために、選手間のコミュニケーションを活性化させる必要があると感じました。そこで、コーチングメソッドを活かして次のような提案をしました。

▶コーチングの切り口とアイデア

①監督抜きの本音ミーティング

↓

②チーム全員で現状を振り返る

↓

③よいところを見つけ自己肯定感を上げる

数日後、監督抜きのミーティングを開きました。選手たちに腹を割って話し合ってほしかったので、「**ぶっちゃけミーティング**」と名づけました。このミーティングのルールは、全員が発言すること、そして発言したら内容にかかわらず拍手と「いいね～」という承認の言葉をおくることです。

まず、チームの現状について3つのテーマで話し合いました。

「うまくいっていること、できていることは何か？」

「うまくいっていないこと、やり残していることは何か？」

「今後はどうなったらいいか？　そのために何ができるか？」

小グループに分かれて話し合った後、グループの代表者が全体シェアをするように進めました。高校生にこのような話し合いができるわけがないと思うでしょうが、主旨とルールを説明して、内容にはいっさい介入せずに委ねてみると、意外とやれることがわかります。彼らは野球が大好きだし、心から勝ちたいと思っていますので、とても真剣に話し合ってくれました。

現状を振り返った後は、**互いのよいところを言い合う承認ワーク**をやりました。普段、ほめたりほめられたりすることに慣れていない選手たちはかなりとまどっていました。

「とにかくぶっちゃけて、言いたいことを言ってみようよ！」と一声かけると調子が出てきました。選手一人一人を壇上に上げて、「○○くんのよいところは？」と言うと、ドンドン発言が出始めました。

ただし、発言の8割は笑いをとりにいったイジリでした。私はあえて、そういった発言も容認しました。悪意があるものではなかったし、選手たちのノリを大事にしたかったからです。大切なのは残りの2割の方でした。

「○○はいつも率先して自主練している」

「○○の笑顔にいつも救われている」

などとポジティブな言葉が飛び出してきました。仲間から承認の言葉をもらうと、選手の表情がパッと輝きました。明らかに**自己肯定感**が上がっていました。

このミーティングをきっかけに、選手たちは話し合うことを学びました。監督の指示に従うだけではなく、自ら考え行動することを意識しました。練習メニューを自分たちで考えるようになり、やらされる練習から脱皮しました。

そして、ついに成果が出ました。自律したチームを目指して2年目、2013年、聖愛高校は甲子園に初出場して2勝を上げました。

どんなに苦しい場面でも、笑顔で「いいね〜！」を言い合う選手たちの姿に、コーチングの可能性を感じた瞬間でした。

3　進学校の放課後にしゃべり場ができた

青森県立八戸北高校は私の母校です。私が在学していた35年前は、自由な校風が特徴で個性的な生徒が集まる学校だったのですが、現在では県内屈指の進学校になり、東京大学や京都大学の合格者も出るようになりました。

２０１８年の秋、私は久しぶりに母校の門をくぐることになりました。学校のご厚意により、２時間の講演会を開催することになったのです。私は720人の後輩たちに、いつにも増して熱を込めて話しました。講演会は予想以上に盛り上がり、質疑応答の時間ではたくさんの質問がとび出しました。高３男子から「失恋した友達にどう声かけをしたらいいか?」という質問が出たときは、失恋した本人をステージに上げて、実際にショートコーチングをして見せました。結果、失恋した彼は、720人からの大拍手と勇気づけをもらうという貴重な体験をしました。

その数日後、私は校長先生からある提案をいただきました。「継続的に生徒をサポートできませんか？」ということでした。「定期的にセミナーをするということでしょうか？」と尋ねてみると、「そうではなくて、生徒たちの話し相手になってほしい」ということでした。正式なカウンセリングというより、もっとカジュアルな感じで雑談やおしゃべりをするようなイメージでした。

「今、学校に必要なのは斜めの関係です」と校長先生が教えてくれました。教師と生徒の関係は師弟だから上下関係になります。部活動における監督と選手もガチガチの上下関係です。上下関係のコミュニケーションは上から下への一方通行になりがちです。逆に友達や部活動の仲間は横の関係になれるけれど、横並びであるがゆえに、真剣な相談ごとはしづらい関係性になります。

「斜めの関係だからこそ、生徒が本音で話せる相談相手になれるはず。それをあなたに引き受けてほしいのです」校長先生にそう言われて私は即答しました。「やります！　ぜひやらせてください！」おそらく日本で初めて**「スクールメンタルコーチ」**という仕事が誕生した瞬間だったと思います。

スクールコーチングは、月2回放課後に行われ、カウンセリングルームではなく仕切りのないオープンスペースで実施することになりました。

コーチングの切り口とアイデア

①学校に斜めの関係をつくる
　　↓
②放課後のフリートーキング「しゃべり場」
　　↓
③気楽に話せるから思春期の心が軽くなる

この活動は**「つむちゃんのしゃべり場」**と名づけられました。生徒玄関の手前にあるエントランスに設営され、山小屋風の木製テーブルと丸太椅子が用意されました。さらに美術の先生がつくってくれた素敵な看板が立てかけられました。

いよいよ1回目のセッションの日、私は期待と不安が入り混じっていました。放課後の自由時間に本当に生徒はくるだろうか？　終業のチャイムが鳴ると教室から一斉に生徒が出てきました。

「こんにちは！」たくさんの生徒が笑顔で挨拶をしてくれました。「いいね〜！」と言いながら親指を立てる子もいました。「あっ、つむちゃんだ！」「つむちゃん、私にもいいね〜を言ってちょうだい！」生徒たちはとてもフランクでした。

しばらくすると、1人の男子生徒が現れました。「相談したいことがあるのですが……」しゃべり場最初の相談者でした。彼を皮切りにこの日は5人の子供たちと雑談のようなコーチングをしました。

思春期の子供たちはいつも教えられる側にいます。授業で教えられ、部活で教えられ、塾で教えられ、いわば**インプット過多状態**になっています。これでは、消化しきれないストレスがたまってしまいます。だから、**アウトプットが必要**なのです。たまったものをアウトプットするだけで、心がスッキリ軽くなります。

大人はつい、「こうすべきだ！」と正論を押しつけたくなります。しかし、いくら言って聞かせても、子供たちの心に聞き入れるスペースがありません。まずは、心の中にたまったものをアウトプットさせる場所をつくりましょう。心が軽くなれば、新しい考えや言葉を入れるスペースができます。それが「しゃべり場」の役割だと思っています。

4　夢を描けない子供たちへの勇気づけ

私は年に何回か、**「夢の授業」**という特別授業を開催します。この授業は小学生から高校生までを対象とした、**ドリームマップ（ドリマ）**※と呼ばれるビジョンボードを作成するワークショップです。私はこれまでに1000人を超える子供たちの夢づくりをサポートしてきました。夢の授業のカリキュラムは次の通りです。

●1時間目：アイスブレークと私自身の自己開示をします。子供の頃に悪ガキだった話や学生の頃の挫折体験などを交えながら、**「夢を描くこと」**の大切さを伝えます。時間があれば、私自身の夢を10分にまとめた動画をプレゼンテーションすることもあります。

●2時間目：今の自分を知るためにいくつかの質問をします。好きなこと、嫌いなこと、得意なこと、苦手なこと等々。子供たちはペアになって互いに話し合いながら、自分自身のプラス面マイナス面に気づき、**今の自分を受け入れていきます**。今の自分を知ることで自己肯定感が上がり未来へ向かう準備が整います。

●3時間目：未来の自分を想像するイメージトレーニングを行います。例えば「10年後の未来を想像しよう」といきなり言っても、子供たちはとまどうばかりです。タイムラインコーチングという手法で、少しずつ時間軸を移動させながら、イメージをふくらませていきます。**ワクワクとリアリティが共存**する未来が描けたら準備完了です。

●4～5時間目：いよいよドリマをつくります。テーマは25歳です。25歳の自分は何を手に入れているのか？ どんなスキルを身につけているのか？ どこに住んでいるのか？ 仕事は？ 家族は？ 恋人は？ 収入は？ 社会への貢献は？ 様々な視点から**未来を視覚化**します。ドリマの作成が始まると、子供たちは夢中になって写真のコラージュを始めます。

●6時間目：夢の発表会を行います。25歳の自分になりきってもらい、夢がすべてかなっ

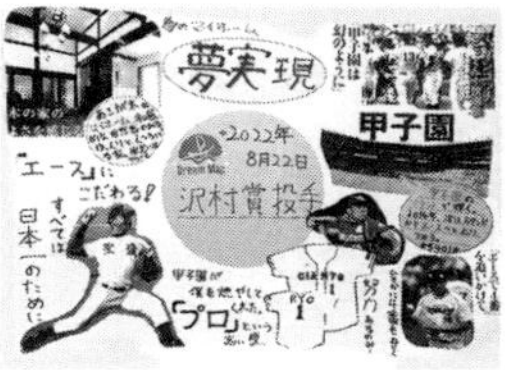

たという設定で発表します。ヨーロッパのサッカーチームで大活躍している25歳もいれば、世界中を放浪している自由な25歳もいます。大切なことは**「なんのためにやるのか?」**そして**「どんな行動をするのか?」**ということです。およそ5分のプレゼンが終わると、全員で拍手して「いいね〜!」という声かけをします。

夢の授業の後、担任の先生と振り返りをします。すると「あの子があんな夢をもっていたなんて驚いた!」とか「あの生徒があんなに嬉しそうな顔をしているのを初めて見た……」などと感想をいただきます。最初はなかなか心を開いてくれない子もいます。「夢なんかない」「べつにやりたいことなんてない」など否定的な態度をとる子もいます。そんなとき私は、ニコニコしながら「そうだよね〜いきなり夢って言われても困るよね〜」「そっか〜、今はやりたいことが思いつかないね」などと、子供たちに寄り添います。

夢を描けない子供たちは勇気をくじかれた子供たちです。頭ごなしに否定され、強制や命令ばかりされていると、次第に「どうせ無理。考えてもムダ」と諦めてしまうものです。だから、勇気づけが必要なのです。**勇気づけとは信じることです。必ずできると信じて**

向き合うことです。私たち自身が決して諦めないことです。

もし、夢の授業で1枚も写真を選べない子がいても「大丈夫だよ。必ず見つかるよ。あせらなくてもいいからゆっくりやってみようね」と声かけをします。周りの子と比較せずに、その子のペースを守ってあげます。

ときどき、写真1枚のドリマでプレゼンしている子供がいます。そんなとき、私は心からの拍手と「いいね〜！」をおくります。それが、**その子なりの小さな一歩**だからです。たとえ1枚の写真しか貼れなくても、その子にとっての夢の授業は成功なのだと思います。

コーチングの切り口とアイデア

①ドリームマップを使った夢の授業を開催

↓

②夢にチャレンジする子供たちを育てる

↓

③夢を描けない子供たちを勇気づけする

※ドリームマップ（ドリマ）は、一般社団法人ドリームマップ普及協会のプログラムです
ドリームマップの講座は所定の研修を受講することにより実施できます

5　たった3分間の立ち話から始めてみる

凡事徹底という言葉があります。なんでもないような当たり前のことを徹底的に行うという意味です。聖愛高校野球部は凡事徹底を大切にしています。きちんと挨拶することや道具を丁寧に扱うこと、攻守交代での全力疾走やカバーリングなど、誰でもできることを徹底しています。ホームランやファインプレーを称賛するのは簡単です。しかし、誰でもできることを称賛することは忘れがちです。「そんなの当たり前だろ」「やって当然だろ」ついそう思ってしまいます。しかし、凡事を疎かにして大事は達成できません。まずは、なんでもないような**当たり前のことにこそ「いいね～」という承認の言葉をおくりましょう。**「いいね～」の数だけ凡事が徹底され定着していくはずです。

実は私がコーチングで大切にしていることも凡事徹底です。普段のさりげないコミュニケーションや、ちょっとした声かけこそコーチングのキモだと思っています。カウンセリングルームでじっくり面談する時間も重要ですが、それより効果的なのは普段の会話です。

ビジネスシーンでは雑談力と言いますが、思春期の子供たちのコーチングでも雑談力が大切です。

▼コーチングの切り口とアイデア

①凡事徹底。普段の何気ない会話を大切にする
↓
②ニコニコ、ブラブラしながらリラックスする
↓
③たった3分間の立ち話でも勇気づけはできる

私はときどき、予告なしで野球部の練習に顔を出すことがあります。突然の来訪に、監督や顧問の先生が驚くこともありますが、「ちょっと見学にきました~」なんて言えば、いつでも歓迎されます。最初に監督と立ち話を始めます。チームの状況や課題、新たに取り組んでいることなど、トピックをいくつか聞きます。監督自身の懸案事項があれば相談にのりますが、なければ「誰か気になる選手はいますか?」と聞いてみます。そうすると

「○○は最近、試合で結果が出ていません。スランプかもしれません」や「○○は生活態度に問題があります。担任の先生から注意を受けて、練習にも身が入っていません」など、何人かの名前があがることがあります。

さっそく、気になる選手のところへ行って話をしたいのですが、できるだけブラブラしながら、のんびりとした雰囲気を出します。まっすぐ向かってしまうと、選手が身がまえてしまいリラックスしたコミュニケーションが生まれません。**ニコニコ、ブラブラしながら向かうのがコツです。**

「ヨォッ！　調子はどう？」とか、「久しぶりだね～元気だったかい？」などとあたりさわりのないところから始めます。よい状態の選手であれば「はい！　絶好調です！」「はい！　元気です！」などと、ポジティブなリアクションが返ってきます。

もし、「まぁまぁですね～」や「いや～どうですかね～」とか、力のない愛想笑いが返ってきたときは、少し距離を詰めて「まぁまぁってどういうことなの？」「ちょっと微妙な感じに聞こえるけど、なんか気になることでもあるの？」「あれ？　○○くんらしくないな～、どうした？」などと、軽めの質問を投げかけてみます。

このとき、**軽さはとても大切です**。眉間にシワを寄せた深刻な表情や、腕組みをして上から目線にならないように注意します。あとは、ニコニコしながらリアクションを待つだけです。こちらがニコニコしていると、彼らもリラックスしてくれます。

うまくいっていないときは心が重いものです。できれば誰かに打ち明けて、少しでも楽になりたいと思っています。しかし、ダメな自分をさらけ出すのはとても勇気がいります。だからこそ、**安全安心な場づくりが必要です**。穏やかな笑顔で「大丈夫だよ！　話してごらん」という空気感をつくりましょう。

話し始めたら、とにかく否定せずに耳を傾けます。言葉一つ一つにうなずきます。不平不満を言う子供もいますが、決してとがめたりしません。正論は必要ないのです。正論で解決するなら、とっくに解決しているはずです。

短い立ち話で悩みを解決するのは難しいかもしれませんが、子供たちの心を少し軽くすることはできます。たった**3分間の立ち話でいい**のです。わざわざ場所と時間をとる必要もありません。否定せずにニコニコとうなずいて聴いてみましょう。それだけで子供たちの心は軽くなります。

まず軽やかな心をつくること、それさえできれば、自分の力で前へ進み始めます。

「自主性といっても、結局、甘やかしじゃないの？」

自主性と甘やかしの違いはなんでしょうか？　甘やかしは**放任型マネジメント**と言います。「全部任せるから好きなようにやって」というスタイルです。放任でうまくいくのは任せられた人の能力が高い場合に限ります。もし能力が低い人に任せてしまうと、事態は混乱してしまいます。

放任の真逆が**管理型マネジメント**です。「指示命令に従いなさい」というスタイルで、ほとんどの学校や企業で採用されている手法です。弊害は自律心を失い自分の頭で考えることを放棄してしまうことです。

放任でもなく管理でもない第3の方法は**「対話型マネジメント」**です。対話型は双方向のコミュニケーションをベースに、①**現状を俯瞰して自己評価する**、②**課題を見つけ主体的に目標を設定する**、③**トライ＆エラーをしながら問題解決する**、この3つの流れをサポートする手法です。

対話を通して自主的に行動した結果には、もれなく自己責任がついてきます。つまり、自主性は甘やかしではなく、もっとも厳しいやり方なのです。

1章　3ステップコーチングのトレーニング

思春期の心を軽くする
コーチングメソッド

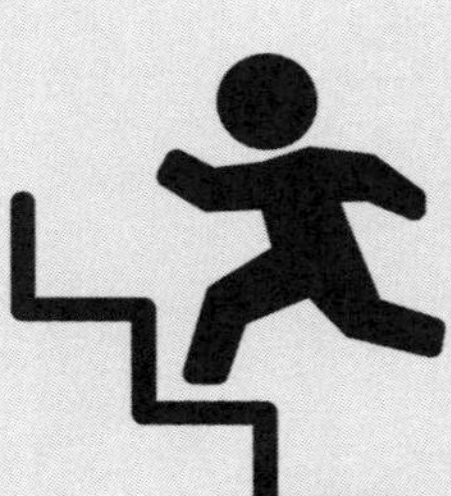

1

準備体操1　カラダを整える
「先生が笑顔になれば子供たちも笑顔になる」

コーチングでもっとも大切なことは、**カラダを整える**ことです。

心とカラダはつながっています。心の状態は無意識レベルでカラダに表れています。うまくいっていないとき、私たちの心はへこんだり落ち込んだりします。心が落ち込んでいると、表情がくもり、視線は下向きになり、猫背になって肩が下がります。ため息をついてトボトボと足を引きずるように歩きます。逆に、うまくいっているときは表情がパッと明るく、視線は前向きで胸をはり背筋が伸びます。歩く姿は颯爽としていて、力強く意気揚々としています。

心の状態は、カラダの状態を見れば一目瞭然です。どんなに言葉を操って美辞麗句を並べても、ちょっとした仕草や表情を見れば本意を見透かされます。私たちのカラダは嘘をつけないようにできています。好きなことをやるときは自然と前のめりになるし、嫌なことをやるときは腰が引けます。

鏡の法則という言葉を聞いたことがあるでしょうか？　自分自身の心の状態が、鏡のようになって相手に映し出されるという法則です。子供は親の鏡ですし、クラスの雰囲気は先生自身を映し出している鏡です。あなたが笑えば世界が笑う。おおげさに聞こえるかもしれませんが、不変の法則であると私は思っています。

子供たちに向き合うとき、先生の心の状態がそのまま子供の表情や態度に表れます。先生がイライラしていれば、そのイラ立ちが子供たちの心に反映され、子供たちもまたイライラし始めるでしょう。先生が怒って感情的になれば子供たちも感情的になります。

まずは先生自身の心を整えてから、子供たちに向き合ってみましょう。**そのためには、カラダを整えることが有効です。心とカラダはつながっています。カラダが整えば、自然と心が整います。**

しかも、カラダはとてもコントロールしやすいものです。右手を上げようと思えば上がるし、ジャンプしようと思えば、簡単にジャンプできるはずです。コントロールしやすいものから整えていきましょう。心のコントロールは難しいかもしれませんが、カラダのコントロールなら簡単にできます。

コーチングの切り口とアイデア

①表情を整える。笑顔が笑顔の扉を開く
↓
②姿勢を整える。立ち話をする感じで肩の力を抜く
↓
③呼吸を整える。感情の揺らぎを抑え安心感をまとう

①表情を整える

カラダの中で、もっとも影響度が大きいのは表情です。顔は情報の集積地です。顔を見れば、およそのことがわかるものです。メラビアンの法則は有名ですが、第一印象の55％は視覚情報だと言われています。

私はプロコーチになる前、営業マンでした。当時は働き方改革などなかった時代で、毎日残業、夜は接待、休日出勤が当たり前でした。あの頃の私は、顧客の前では営業スマイ

ルでしたが、社内ではいつも眉間にシワを寄せて不機嫌な表情をしていました。社内はいつもギスギスしていて、ミスなどしようものなら即座に叱責がとぶような雰囲気でした。これではよいチームなどできるわけがありません。

まずはよい表情をしてみましょう。**笑顔が笑顔の扉を開きます。**先生が穏やかな笑顔で接すれば、子供たちの心の扉は自然と開きます。扉が開けば、コーチングは難しいことではありません。

②姿勢を整える

表情を整えることと同様に、姿勢を整えることも大切です。例えば、下を向いて背中を丸めて肩をガックリと落としてみてください。ジワジワとネガティブな気分になっていくはずです。ネガティブな姿勢からポジティブなエネルギーは出てきません。失敗には失敗のポーズがあり、成功には成功のポーズがあります。実はポーズが結果を決めていると言っても過言ではないのです。

アスリートが行うルーティンがあります。イチロー選手が打席に入って、投球を待つ前にやる一連の動きや、ラグビーの五郎丸選手がキック前に見せるユニークな動作などが有名です。要するに、決まった手順でカラダを整えていくと、自分がほしい心の状態が手に入るということです。

結果を出そうと思えば思うほど、カラダに力が入ってかたくなるものです。立ち話をするつもりで、少し**肩の力を抜いて**向き合ってみましょう。**結果を手放す**ぐらいで、ちょうどいいと私は思います。

③呼吸を整える

最後に整えてほしいのは呼吸です。呼吸と心の状態は驚くほど一致しています。先生があせっているとき、呼吸は速くなります。怒っているときは呼吸がブルブルと怒りに震えます。落胆しているときは深いため息となって吐き出されます。呼吸と感情の動きは表裏一体です。ヨガや瞑想でも、呼吸を整えるワークをしますが、深くゆっくりとした呼吸をすると、心の中に静寂がおとずれ地に足がついた感覚を味わえます。まずは、呼吸を整えてみましょう。

思春期の子供たちに対して、感情的になるのは得策ではありません。ゆったりと余裕をもち大きな**安心感を心にまとって**、子供たちに向き合ってみてください。

コーチングはコミュニケーションスキルです。しかし、スキル以上に大切なことがあると思います。それはコーチングをする人の在り方です。先生の在り方そのものが、子供たちに大きな影響を与えています。

在り方は感覚で捉えられるものです。波動と言ってもいいかもしれません。波動は思考よりも直感的な部分でキャッチされます。

「この人は話せる人か？　それとも話してもムダな人なのか？」

思春期の子供たちは、**「先生の在り方＝波動」**を感じて、瞬時に判断します。

123《ひふみ》コーチforスクールでは、授業に入る前にカラダを使ったアイスブレークをします。3段階のスピードでやる「高速あっち向いてホイ」など、手法は様々あります。

大切なことは、先生が笑顔でリラックスすることです。先生の在り方がしっかりとしていれば、怖い表情や強そうな態度をとる必要はありません。

先生自身が「表情、姿勢、呼吸」を整えて、よい心の状態をつくってください。先生の在り方が、思春期の子供たちの心の扉を開く鍵になります。

2　準備体操2　言葉を整える
「言葉はエネルギー、言葉はギフト」

カラダの状態が整ったら、次は言葉を整えます。言葉の影響力は想像以上にパワフルです。たった一言でヤル気にさせることもできるし、たった一言で勇気をくじくこともできます。**言葉はエネルギー**なのです。

「うぜぇ〜」「だりぃ〜」「めんどうくせぇ〜」「使えねぇ〜」「どうせ無理〜」など、マイナスエネルギーの言葉は山ほどあります。子供たちに限らず、大人だって使っています。私はせっかちなので、「まだかよ！」「早くしろよ！」などと、言ってしまいます。

このようなマイナス言葉を言われた人は、心の状態が下がります。また、ブーメランの法則（やったことが自分に返ってくる法則）が働いて、言った本人もマイナスエネルギーを受け取ることになります。

ところで、ダメ出しはマイナス言葉、プラス言葉、どちらでしょうか？

「あなたの欠点は○○だ。早く欠点を克服すべき。だから○○を頑張りなさい」

先生は子供たちの苦手を克服させたいと思っています。落ち着きのない子には集中力をつけさせたいし、乱暴な話し方をする子には丁寧な話し方を指導します。

いつだって子供たちによくなってほしい。だから、ついダメ出しをしてしまいます。**ダメ出しは善意から生まれてくるマイナス言葉です。**ダメ出しでヤル気が出る人はいません。もし、ダメ出しでヤル気が出るのなら指導はとても簡単なはずです。

1つのことに意識が向きすぎると、過剰になってしまうのはよくあることです。例えば、緊張してはいけないと思えば思うほど、カラダはガチガチになるし、失敗してはいけないと思えば思うほど、凡ミスをしてしまいます。

意識は拡大鏡のようなものです。子供たちはダメ出しをされると、自分のダメな部分に意識が向きます。意識が向けられた部分は次第に拡大します。結果、頭の中はダメだらけになり、自己肯定感が下がります。

本当は子供たちに成長してほしいはずです。だとしたら、成長してほしい部分に拡大鏡をあててみましょう。ダメ出しではなく**成長ポイントに意識を向ける**のです。成長ポイントに意識を向けて観察すると、ときどき、こんな場面に出くわすことはありませんか?

落ち着きのない子が、黙々と何かの調べごとをしている場面や、乱暴な話し方をする子が思いやりにあふれた言葉を話している場面です。

その場面を見逃してはいけません。すぐに承認のプラス言葉をおくります。

「集中している○○くんって、いいね〜！」

「今の言葉には思いやりがあったね。○○くん、ありがとう！」

「いいね〜」は承認の言葉です。大上段からほめるのではなく「先生はいいと思うよ」とさりげなくオーケーする感じです。そして**「ありがとう」は最上のプラス言葉**です。子供たちに貢献する喜びを与え、自己肯定感を上げます。

このように、成長ポイントにプラス言葉をおくるとエネルギーが注入されます。そのエネルギーを使って子供たちの成長ポイントがムクムクと育っていきます。

コーチングメソッド

①プラス言葉はプラスのエネルギーを生み出す
↓
②ダメ出しをやめて、成長ポイントにプラス言葉をおくる
↓
③「いいね〜」と「ありがとう」を惜しげなくプレゼントする

123《ひふみ》コーチforスクールでは、コーチングの前に言葉を使ったゲームを行います。ゲームなので気楽です。そしてゲームだからルールもあります。

とかく思春期ではマイナス言葉をよく使います。普通なら「うぜぇ〜」「だりぃ〜」のオンパレードです。だから、ゲームとして取り組んでもらいます。ゲームなら、普段はちょっと照れくさい言葉でもすんなり言えます。

言葉を使ったゲームは次のように進めます。

●言われて嬉しかった言葉

「今まで、自分が言われて嬉しかった言葉はなんですか?」

これまでに受け取った**「言葉のギフト」**を思い出します。「いつ?」「誰から?」「なんて言われた?」「なぜ嬉しかった?」と、具体的なフレーズや場面をイメージします。

記憶というものは不思議です。楽しかった記憶は私たちを元気にします。逆に、嫌な記憶を思い出すだけで、冷や汗が出て動悸がします。すでに終わったことなのに、心はまるで今起きたみたいに感じてしまいます。

記憶も心の状態と結びついています。だからこそ、嬉しい記憶は大切です。言われて嬉しかった言葉を大切に扱いましょう。

●言葉をプレゼントゲーム!

「いいね~」と「ありがとう」をプレゼントするゲームです。4人ぐらいのグループをつくり、1人が中央に立ちます。残り3人は真ん中の子に向かってひたすらプラス言葉をプレゼントします。これをグループ全員で順次行います。

「○○さんの、○○いいね～！」
「○○さん、いつも○○してくれて、ありがとう！」

言葉のギフトをもらう側は必ずリアクションをします。

嬉しかったら「○」。嬉しくなかったら「×」。とても嬉しいときは「◎」。

ちなみに、◎はダンスのようにクルッとターンするリアクションがおすすめです。

思春期の子供たちには無理？　そう思う先生も多いと思いますが、あくまでもゲームとしてやれば子供たちはのってくれます。先生も一緒にやると、さらに盛り上がりますよ。

クルッとターンする先生の姿って最高じゃないですか？

クラスがプラス言葉でいっぱいになったら準備完了です。

3 ステップ1 ノージャッジで傾聴する「今の自分を色で例えるなら何色ですか？」

カラダと言葉が整ったら、いよいよコーチングを始めます。ここで1つ注意してほしいことがあります。それは、コーチングは話す技術だけではないということです。

講演会などで行われる質疑応答で、

「部下に自分の思いがなかなか伝わらない。どう話したらいいかアドバイスがほしい」

「子供が言うことをきいてくれない。言うことをきかせるにはどうしたらいいか？」

などといった質問が多く出ます。

誰にでも言いたいことがあります。人間には承認欲求がありますから、相手のことより、まず自分のことをわかってほしいものです。だから、「オレの話を聞け！」「私の話を聞いて！」になってしまいます。

思春期の子供たちも同じです。自分のことをわかってほしいと思っています。しかし残念なことに、言いたいことを言える場所はそれほどありません。家の中では、なんだかんだ言っても親の立場が上です。主張すれば否定されるし、ヘタに逆らったらガミガミと説教されます。学校でも同じです。先生は勉強を教えるために話すし、部活動指導者は指示と命令ばかりしています。結局、**子供たちはいつも話を聞く側**にいます。

たしかに、不平不満や文句は、クラスメイトや部活の仲間には言えます。だからといって、友達や仲間が真摯に耳を傾けてくれるわけではありません。

「誰もオレのことをわかってくれない！」「誰も私の話なんか聞いてくれない……」

そう思ってしまうのは仕方のないことです。

3ステップコーチングの最初のステップは「**ノージャッジで聴く**」です。ノージャッジとは**白紙で聴く**ということです。固定観念をいったん脇に置いて、まっさらな白紙の状態で耳を傾けてください。123《ひふみ》コーチforスクールの最初の質問は、

「今の自分を色で例えるなら何色ですか？」

です。

答えは千差万別です。明るい色を言う子もいれば、ダークな色を言う子もいます。ブルーとグレーの2色を使って、今の自分を表現する子もいます。正しい答えなどありません。

そもそも、正しさは1つではありません。極端に言うと、人の数だけ正しさがあり、間違

っている人などいないのです。みんな自分が正しいと思っています。自分の一方的な思い込みや決めつけを脇に置いてみましょう。思春期の子供たちの言葉を白紙で聴いてみるのです。彼らは未熟で経験不足です。筋が通っていない話をすることもあります。そんな彼らを受け入れてみましょう。

正しいか？　間違っているか？　ジャッジは必要ありません。

コーチングメソッド

①自分の思い込みや決めつけを脇に置いて白紙で聴く
↓
②表情・リアクション・合いの手で小さな勇気づけをする
↓
③話している内容に興味をもち、一緒にその世界を味わう

それでは、具体的な傾聴のスキルをいくつかご紹介します。

①ニコニコと笑顔で聴く

話す側にとっていちばん気になるのは、聴いている人の表情ではないでしょうか？　もし、自分が話している間、ずっと無表情でいられたらこれほど話しづらいことはありません。いい表情で聴いてもらえると、どんどん話したくなります。ついつい調子に乗って話しすぎるかもしれません。そのぐらいでちょうどいいと思います。本音を引き出すコツは安心感を与えることです。安心感はあなたの表情から醸し出されます。まずはニコニコと笑顔で傾聴しましょう。

②ちょっとオーバーなリアクションをする

お笑い芸人さんの中にリアクション芸というものがあるくらい、リアクションは立派なスキルの1つです。中でも**「うなずき」**はいちばん簡単でもっとも効果的なリアクションです。子供たちが話すリズムに合わせて**「うん、うん、うん」**とうなずいてみましょう。うなずきは、話をちゃんと聴いているよというサインです。うなずく度に、子供たちは受け入れられているという安心感を得ます。

また、うなずきに**「はぁ〜」「ひぇ〜」「ふ〜ん」「へぇ〜」「ほぉ〜」**と言葉を添えてみると、よりパワフルになります。リアクションは少しオーバーなくらいでちょうどいいものです。話している子供たちに、エネルギーをおくるつもりでリアクションをしましょう。

③合いの手を入れて小さな勇気づけをする

聴き上手と言われる人ほど、絶妙な合いの手を入れます。途中で合いの手を挟むと話の腰を折ってしまいそうな気がしますが、むしろ適度に入れた方がリズムよく話せるものです。**「なるほど～」「いいね～」「すごいね～」「ステキだね～」「ナイストライ!」「おもしろいね～」「そっか～」「それでそれで」**などと合いの手を入れてみてください。合いの手は短い承認の言葉です。合いの手を入れる度に、子供たちは承認され、小さな勇気づけを受け取ります。

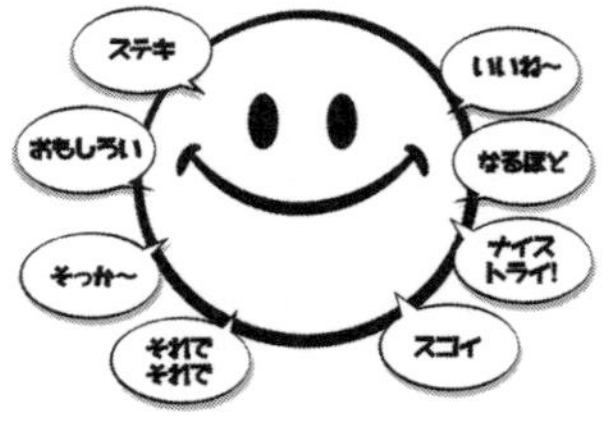

④子供たちの世界に関心を向ける

子供たちに関心を向けることは大切なことです。しかし、子供たちに関心が向きすぎると話の内容よりもその子自身のことに興味が向かいます。

そのうち、先生自身の中に思い込みができあがるかもしれません。

「この子がこんなことを言うのは○○が原因なのではないか……」

「この子は前にも問題行動を起こしている。きっと今回も同じでは……」

これは自分勝手な視点からの決めつけと偏見です。

まっさらな白紙の状態で聴くためには、**子供たちの世界に関心を向ける**ことが必要です。子供たちの世界とは彼らが話している内容そのものです。一緒に映画を見るように、子供たちと同じ風景を見て、同じ音を聞いて同じ熱を感じてみましょう。そうやって耳を傾けると、子供たちの世界が少しずつわかってきます。

ノージャッジで傾聴することは簡単そうですが、なかなかできないスキルです。特に、いつも指導する立場にある先生ならなおさらです。実は私も苦手でした。元来、正義感が強く話したがりだったので、ノージャッジで聴けませんでした。

そんな私が使っているのは、**ヒーローインタビュー**という方法です。話し手はヒーロー。聴き手はインタビュアー。このスタンスで傾聴してみるとうまくいきました。誰もが人生の主人公です。ヒーローインタビューのつもりで傾聴してみてください。

4 ステップ2 ノーアドバイスで問いかける「1年後はどんな色になっていたいですか?」

ステップ1では、思春期の子供たちにしっかりと寄り添い、彼らの言葉をジャッジせずに受け入れることをお伝えしました。正しいか? 間違っているか? それよりも、子供たちの本音を白紙で傾聴することが大切です。子供たちに寄り添い傾聴することで、現状を俯瞰して見ることができます。プラス面とマイナス面の両方を受け取ることができたら、ステップ2に進みます。

ステップ2では、理想的な未来へと思考をジャンプさせます。ここで大切にしたいことは、**最高の未来**を思いきって描くことです。

「最高の未来? そんな夢みたいなことを言っているからダメなんだ〜」

そんな声が聞こえてきそうですが、夢を描くこと、つまりビジョンをもつことは、想像以上に人をパワフルにします。**ワクワクするようなエネルギー**があるから、主体的な目標設定ができるし、チャレンジが生まれます。

一般的な指導では、夢を描くことよりも、現状の反省から始めて、なぜできていないかを分析します。そして課題を見つけて努力目標を立てさせる、そういう指導をする先生が多いのではないでしょうか。

「なぜ、できなかったのか？」
「できなかった原因は何か？」
「今後はどんな努力をするべきか？」

このように原因を追究する質問をされると、自分が否定されているような気持ちになって心がズシンと重くなります。反省することはよいことですが、反省ばかりしていると元気がなくなってしまうのも事実です。

アドラー心理学では、**原因論と目的論**という考え方をしています。

「なぜ、できなかったのか？」「何が原因なのか？」**原因論では過去に意識が向いてしまいます。**原因ばかり追い求めると、起きてしまった過去の出来事にとらわれてしまい、現状を打破する新しいアイデアが出ません。

日本社会には、問題が起きると原因を追究する傾向があります。間違った考え方ではありませんが、結果として、誰が悪いのか？　犯人探しをすることに終始してしまいます。

決して建設的ではありません。

一方の**目的論は未来に意識が向かいます。**

「本当はどうなったらいいのか？」

「そもそもなんのためにやるのか？」

そう問われると、思考は現在から未来へ向かって動き出します。だから、アイデアが泉のように湧き出てきます。**未来にはポジティブなエネルギーがあふれています。**

123《ひふみ》コーチforスクールでは、

「1年後はどんな色になっていたいですか？」

という質問をします。

この質問は「本当はどうなっていたい？」をアレンジしたものです。色に例えることで、より感覚的な部分が働きます。子供たちは自由に色を選び、1年後の自分を表現します。

小学校低学年であれば、未来はいつも明るく輝いています。しかし、小学校高学年から中学生・高校生になってくると、決して未来は明るいだけではありません。思春期の子供が選ぶ色は、少しダークな色が多いようです。色をたくさん使って表現する子もいるし、真っ白とか無色透明とか、自分だけのこだわりが強くなってきます。

「どうしてその色を選んだのか？」を聞いてみましょう。その答えの中に目的が潜んでいる場合があります。

「このブルーはどんなブルーかな？」

「海のようなブルーです」

「へェ～、海のブルーなの！　どうして海なの？」

「海の底にいるからです」

「はぁ～海の底なのね？　……底は真っ暗？」

「……真っ暗じゃないです……上の方は明るいです」

「いいね～！　上の方はもっと明るいブルー？」

「そうです！」

中学2年生の女の子が選んだブルーはダークなブルーでした。海の底の色でした。勉強や友達関係や部活のことで、少し悩んでいたのかもしれません。けれど、上の方は明るいブルーでした。とっさに出た答えは用意していた答えよりも核心をつくことがあります。

1年後のその先は、明るい未来が待っていると、彼女は自分の未来をしっかり描きました。

▼コーチングメソッド

①本当はどうなったらいいか？　原因論より目的論でアプローチ
↓
②気づきは内側で起きる。ノーアドバイスで問いかける
↓
③自律心の芽生え。自分の未来は自分で決める

思春期の子供たちのコーチングをしていると、様々な問題を抱えた子供たちに出会います。勉強のこと、友達のこと、部活のこと、ときには不登校やイジメの相談も受けます。

そんなとき、私が心がけていることは**「アドバイスをしない」**ということです。何かいいアドバイスをしてやろう、そう思って向き合うと、いいコーチングはできません。先生が生徒にアドバイスをすることは当然かもしれません。情熱のある先生ならなおさらですが、アドバイスは思ったほど効果的ではありません。

何かいいことを教えてやろうという意識は、上から目線です。上から目線になると、コミュニケーションは上から下への一方通行になります。いくら話し方がやさしくても、結局は指示命令をしているのとかわりません。コーチングで有効なのは、アドバイスではなく問いかけなのです。

「どんなブルー?」

「どうして海なの?」

「底は真っ暗?」

「上の方はもっと明るいブルー?」

私はアドバイスをせずに、ただ質問だけをしました。彼女は答えながら、自分の内側に気づきを得ました。「あっそうか! 上は明るいブルーだ」

答えは子供たちの内側にあります。

外側から与えようとして頑張る必要はないのです。

ノーアドバイスを心がけてみてください。

自分の未来は自分で決めるのです。それが自律への第一歩ではないでしょうか。

5 ステップ3 ノーティーチングで引き出す「今の色から1年後の色になるためには何をしたらいいですか?」

ステップ1では、今の自分を俯瞰して見ること。そしてステップ2では、自分の未来を主体的に描くことがテーマでした。いよいよステップ3では、具体的なアクションプランを立て、小さな一歩を踏み出します。

どんなにすばらしいビジョンを描いても、**行動しなければ何も起きません**。2019年3月に引退を表明したイチロー選手が印象的なコメントを残しました。「少しずつの積み重ねが、それでしか自分を超えていけないと思うんですよね。一気に高みに行こうとすると、今の自分の状態とギャップがありすぎて、それは続けられないとぼくは考えているので。地道に進むしかない。進むというか、進むだけではないですね。後退もしながら、あるときは後退しかしない時期もあると思うので。でも、自分がやると決めたことを信じてやっていく」。4000本以上のヒットを打ったスーパースターのイチロー選手でさえも、小さなチャレンジの積み重ねしか成功の道はないと言っています。

トライ&エラーの法則をご存じでしょうか？　問題解決のために、様々な方法に次々にトライして、失敗と修正を重ねながら解決に至らせる成功法則です。世の中の成功者はこの法則を使っている人が多いのではないでしょうか。エジソンが電球を発明するために、1万回以上の試行錯誤を繰り返したのは有名な話です。私は教育現場にこそ、このトライ&エラーの法則が必要ではないかと思っています。

トライ&エラーの法則の本質には、**主体的な目標設定**が欠かせません。ステップ2でもお伝えしましたが、自分の未来は自分で決めることが大切です。もし、親の意向や先生の指導で決められた目標なら、子供たちに粘り強さや継続性は期待できません。そもそも本気でやりたいと思っていないのですから、何度かエラーが続いたら諦めてしまいます。**他人に決められた目標ではモチベーションは上がりません。**

まず、主体的にビジョンを描くこと。そして**「なんのためにやるのか？」**という目的を明確にすることです。**ビジョンと目的をあわせて「自分軸」**と言いますが、この「自分軸」がしっかり根づくと心が揺らがなくなります。

高校球児に目標を聞くと「甲子園！」とすぐに返ってきます。しかし、「なんのために？」と目的に関する質問をすると、答えられる選手は多くありません。「なんのための高校野球か？」を3年間かけて見つけてもらいます。「自分軸」を見つけた子は、大学に行っても社会に出ても、簡単には折れないしなやかなメンタルを手にいれます。

トライ&エラーの法則は「自分軸」を核にして回ります。何度も試行錯誤を繰り返すので「エラー→修正→トライ」が回転するイメージです。しかも螺旋状に回転しながら上昇し、少しずつ成功に近づいていきます。

問題はエラーが続いたときです。1回や2回のエラーなら乗り越えますが、3回、4回、5回とエラーが続くと、心の状態は下がります。イライラしたり、誰かを責めたり、自己否定を始めたり。**エラーが続くと心はブレブレに揺らぎます。**

思春期はこの傾向が強く出ます。結果が出ないと自暴自棄になり、他人と自分を比べては落ち込み、できない理由を他人のせいにします。思春期ははげしく揺らぐ時期なのです。

「決めた目標に向かって頑張れ！」
「諦めるな！　強い自分になれ！」
「気合を入れろ！　自分に負けるな！」

思春期に叱咤激励は効果がありません。「こうしろ、ああしろ」といくら先生が教え諭しても彼らは聞く耳をもってくれません。思春期の心の揺らぎには、教えるティーチングより、**勇気を引き出すコーチングが有効です。**

それでは、どうしたら思春期の子供たちの勇気を引き出すことができるのでしょうか？

私は失敗にも「いいね〜！」を言います。

「〇〇くん、結果はたしかにダメだったかもしれない。だけど、〇〇した部分はすばらしかったよ〜ナイスチャレンジ！　いいね〜！」

失敗の中に小さな成長を見つけます。そこに勇気の言葉をおくります。失敗の中にある**1ミリの成長に意識を向ける**のです。

「その1ミリにいいね〜！」です。

トライ&エラーのキモはエラーにあります。**エラーこそ成長の糧**です。失敗しないように教えることよりも、エラーすることを想定しながら、チャレンジする勇気を引き出すことです。先生もぜひチャレンジしてください。

▼コーチングメソッド

①トライ&エラーの法則　「トライ↓エラー↓修正」を回す
↓
②エラーこそ成長の糧　失敗にも「いいね〜!」を言う
↓
③子供たちの1ミリの成長を見逃さない

123《ひふみ》コーチforスクールのステップ3では、

「今の色から1年後の色になるためには何をしたらいいですか?」

と問いかけます。

1年後の未来のために何をしたらいいのか? アクションプランを引き出します。

ここで大切なことは「正しいか? 間違っているか?」「できるか? できないか?」でジャッジしないことです。ジャッジするとハードルが上がります。高すぎるハードルはモチベーションを下げます。できるだけハードルを下げること。「たっぷり睡眠をとる」

「スイーツを食べる」「好きな曲を聴く」など低いハードルもオーケーにしましょう。とにかくアクションプランはたくさんあった方がいいのです。たくさんアイデアを出してから絞り込みをします。そしてファーストトライを決めます。24時間以内にできそうな低いハードルでオーケーです。トライ&エラーを回すコツは、**初動を早くすること**です。

そして、行動を早くするためには、みんなの前で宣言するのがおすすめです。

「○○です！ ぼくのビジョンは○○することです。そのために、まず○○します！」

宣言したら拍手して「いいね～！」をみんなで大合唱します。握手やハイタッチやハグをすると、さらにヤル気が出ます。

ファーストトライはベイビーステップと言います。赤ちゃんが踏み出すような小さな一歩。この一歩の積み重ねがすごい結果を生み出します。子供たちの小さな一歩一歩に勇気の言葉をおくってあげましょう。**結果ではなく、チャレンジに「いいね～！」です。**

6 フィードバック　自己評価とアイメッセージ「プラス1点のネクストチャレンジにいいね～!」

ステップ3で一歩目のチャレンジが決まったら、「いいね～！　ぜひやってみよう！」と背中を押してあげます。さらに「やってみてどうだったか先生に教えてね」と次回の面談を約束します。

また、フィードバックを与えることも大切です。フィード（feed）は、食べ物という意味です。つまり、**栄養になる言葉を与えることがフィードバック**です。

ビジネスシーンでは、フィードバックを評価という意味でも使います。本来の意味とはちょっと違った使い方をされている場合も多いようです。私も経験がありますが、上司から評価されるときは、「何を言われるのか……」と戦々恐々としていました。

先生は生徒へフィードバックをしていますか？　本来のフィードバックではなく、ついつい厳しい評価だけを与えていませんか？

「まだまだだな～努力がたりないんじゃないか」

「自分なりにやってる？　先生は納得できないな〜」
「そろそろ結果を出さなきゃ〜。もう時間がないぞ」
このような言葉は、子供たちに栄養を与えているでしょうか？

そもそも評価は、**他者評価よりも自己評価が効果的です**。他者からの評価は、上から目線で値踏みされているようなものです。決して気分のいいものではありません。だからといって、子供たちに自己評価をさせたら、自分に都合よく甘い評価をするかもしれない……そんなふうに心配する先生もいるでしょう。

しかし、先生の評価が絶対的に正しいとは言いきれません。大切なことは正しい評価をすることよりも、子供たちに**自分自身を俯瞰する視点**をもたせることです。

コーチングではスケーリングという手法を使って自己評価します。スケーリングでは、課題に対する達成度を数値化します。

「課題は今の段階でどのぐらいできている？　10点満点で今は何点ぐらい？」
「4点ぐらいです」
「なるほど、4点か〜、どうして4点なのかな？　点数の中身を教えてよ」

「できている部分が〇〇で、まだできていない部分が〇〇なので、現状4点です」

点数はそれほど重要ではありません。**重要なのは自己評価の根拠**です。

根拠を聞くことで、子供たちは自動的に自分を俯瞰し分析します。

そして、自己評価できたら、新たなチャレンジを引き出します。

「ところで、10点満点ってどんな状態かな?」

「10点になったら、〇〇もできるようになって、〇〇は余裕でやれる感じです」

ワクワクしながら**10点満点の状態をイメージ**してもらいます。

エネルギーが満ちてきたら、アクションプランを引き出します。

「まずはプラス1点を目指そう!　何かできそうなことはあるかな?」

「〇〇してみます!　それができたらプラス1点です!」

「いいね〜!」

プラス1点がポイントです。ハードルを下げて「それならできそうだ!」と思えると、一歩目が早く出ます。ちなみに10点満点の子は11点にチャレンジさせます。

また、「いいね〜!」ばかりだと、子供たちが図に乗ってしまうのでは?と指摘されることもあります。たしかに現状に満足してしまうと努力しなくなります。そこで必要なのは、**ネクストチャレンジ**です。１つクリアできたら「いいね〜！」と承認の言葉をおくり、次のチャレンジを引き出します。

自己評価と同様に、**アイメッセージでフィードバック**することも効果的です。アイメッセージは「私」を主語にして、自分自身が感じていることを素直に伝える話し方です。

「〇〇くんのチャレンジする姿を見ると、先生はとても嬉しいよ。ありがとう」

「私はこう思う」「私はこう感じる」とポジティブに伝えることです。さらに**感謝や貢献の言葉**が加わると、よりパワフルな勇気づけになります。

一方、ユーメッセージという話し方もあります。こちらは「あなた」が主語です。

「〇〇くんのためを思って言うけれど、キミはもっとこうした方がいいよ」

あなたを主語にすると、押しつけがましい言い方になります。上から目線で評価しているイメージです。**説教やアドバイスはユーメッセージ**の代表です。

厳しいフィードバックが必要なときもアイメッセージで伝えてください。

「先生は、キミならできると信じているよ。だから、もう1回やってみよう」

▼コーチングメソッド

①自己評価することで、自分を俯瞰する視点をもつ

←

②プラス1点の小さなチャレンジを引き出す

←

③アイメッセージで感謝と貢献を伝える

123《ひふみ》コーチ for スクールでは、コーチングチャートを使って自己評価します。円グラフのような形のチャートは、8つの項目に分かれています。

チャートを使ったコーチングの進め方は次のとおりです。

●**「家族」「友達」「勉強」「遊び」「おこづかい」「健康」「社会」「学校」**

この8つの項目について、0~10点で自己評価します。

●いちばん高い得点の項目を選ぶ

「何点なのか？」「どうして高い点数なのか？」「具体的にどんなことがあったのか？」などをペアで話し合います。

●いちばん低い得点の項目を選ぶ

「何点なのか？」「どうして低い点数がついたのか？」「とはいえ点数がついているのは何ができているからか？」などをペアで話し合います。

●これから伸ばしていきたい項目を選ぶ

「現状、何点なのか？」「10点満点はどんな状態か？」「プラス1点にするために何ができそうか？」をペアで話し合います。

チャートを使ったコーチングは定期的に活用してみてください。定期的に自己評価することで小さな成長を実感できるし、新たなチャレンジを始めるきっかけになります。継続することで、3ステップコーチングが子供たちに浸透します。**自分の頭で考え行動する自律心**を育てるために、ぜひチャレンジしてみましょう。

「学校では大きな声を出す先生ほど評価される」

大きな声を出す先生は、どの学校にもいますね。元気よく指導することにはなんの問題もありませんが、子供たちを力ずくでコントロールしようとするのはパワハラとかわりません。昨今では、スポーツ指導者のパワハラが問題になっていますが、教育現場でも同じことが起きています。体罰だけでなく、ガミガミ怒鳴ることやヒステリックにしかることもパワハラです。**力を使うとは、恐怖感で相手をコントロール**しようとすることです。ある意味、動物の威嚇行為とほとんどかわりません。

大きな声を出すもう1つの理由は**「力を使った方がてっとりばやい」**ということです。いちいち対話しなくても、大きい声を出せば生徒はすぐに言うことをききます。コーチングなんて、まわりくどいことをやっている場合じゃないわけです。しかし、力ずくで押し込んだひずみは、必ずどこかに出ます。**子供たちの中にため込まれたストレスは問題行動となって表出されます。**力ずくの管理→学級崩壊のパターンを見れば明らかです。

人を育てるコツは、結果を急がないことです。大きい声を出す前に、子供たちの話に耳を傾けてみてください。

2章　3ステップコーチングのアイデア

子供たちには4つの気質がある
教師のための
タイプ別・コーチングアプローチ

1　人間には4つの気質がある

20世紀初頭にドイツやオーストリアで活躍したルドルフ・シュタイナーという教育学者がいます。日本でもシュタイナー教育は有名なのでご存じの方も多いと思います。現在では、ヨーロッパやアメリカを中心に、日本を含む世界約70か国に1000校以上のシュタイナー学校があります。

4つの気質

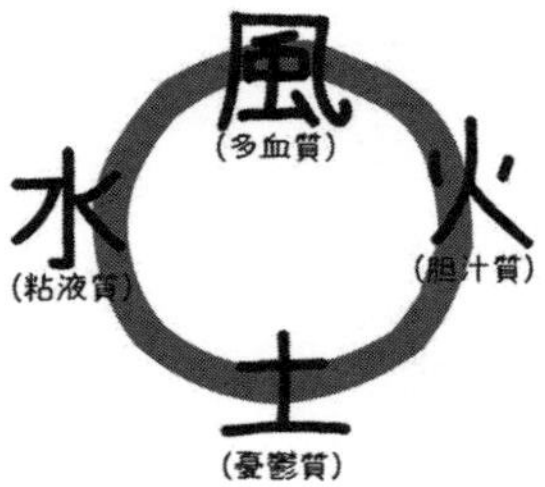

シュタイナーが提唱する人間学の中に、**「4つの気質」**という教えがあります。人間にはもって生まれた気質があり、それは大きく4つに分かれています。気質は遺伝性がないため、親子や兄弟であっても違う気質になる可能性があります。

気質は先天的なものなので変えることはできません。しかし、親や先生のサポート、友達の影響、学習や経験によって、それぞれの**気質の欠点を補う**ことができます。

それでは4つの気質について詳しく説明したいと思います。

●風の気質（多血質）

シュタイナーは多血質と言いますが、ここでは**「風の気質」**と呼びます。この気質は**風のように軽やかなタイプ**です。明朗快活、陽気で開放的な気質です。

一方で、落ち着きがなくおっちょこちょいです。いろいろなことに興味があって、すぐに取り組みますが、あきっぽいので長続きしません。先生のクラスにもこのタイプの子はいますね？

●土の気質（憂鬱質）

シュタイナーは憂鬱質と言いますが、ここでは**「土の気質」**と呼びます。この気質は**地道にコツコツ頑張るタイプ**です。真面目で誠実。几帳面で慎重。思慮深い気質です。

一方で、悲観的でいつも悩みをかかえています。デリケートで傷つきやすいタイプ。ケガや病気が多いのも特徴です。日本人には比較的多いタイプかもしれません。先生のクラスにもこのタイプの子はいますね？

●火の気質（胆汁質）

シュタイナーは胆汁質と言いますが、ここでは**「火の気質」**と呼びます。この気質は**炎のように情熱的なタイプ**です。強い意志をもち積極的です。仕切るのが得意なのでリーダーになりやすい気質です。

一方で、批判されるとすぐにキレます。短気で怒りっぽいタイプです。独善的で自分と意見が違う人には攻撃的になります。運動部に多いかもしれません。先生のクラスにもこのタイプの子はいますね？

●水の気質（粘液質）

シュタイナーは粘液質と言いますが、ここでは**「水の気質」**と呼びます。この気質は**川の流れのように穏やかなタイプ**です。いつもマイペースでおっとりしています。やさしいので人と争うことはありません。根気強く1つのことに集中するのが得意です。

一方で、好奇心が弱く他人にあまり興味がありません。なかなか行動しないのでグズグズしがちです。おいしいものが大好きで、特に甘い物には目がありません。先生のクラスにもこのタイプの子はいますね？

人間には、**「風の気質」「土の気質」「火の気質」「水の気質」**の4つの気質があり、いずれかの気質が強く表に出ます。ただし、一つの気質のみがあるわけではありません。誰にでも4つの気質は備わっていて、配分がそれぞれ違います。ちなみに、私は火70％、風15％、土10％、水5％ぐらいの配分だと思います。気質を知るには、幼少期の記憶をたどるといいかもしれません。まえがきでふれたように、私の反抗心は火の気質が強く出ていたことを表しています。

シュタイナーは4つの気質を自然界の4大元素と並べて教えました。地球には、**風（空気）と土（大地）と火（太陽）と水（海）**が欠かせません。この4つの元素があるから地球が存在しています。同じように、4つの気質は社会に欠かせません。4つの気質が共存するから、社会のバランスが保たれています。

子供たちにもそれぞれの気質があります。**気質の欠点を変えようとしても、なかなかうまくいきません。**子供たちの気質を受け入れて活かすことが、今後のクラスマネジメントに必要なことだと思います。

2章では、子供たちの気質タイプ別のコーチングアプローチを一緒に学んでいきましょう。

2　風の気質の子供たちへのコーチング
◎陽気なアイデアマン　×いいかげんであきっぽい

風の気質の子供たちは、**陽気で明るくて開放的**です。社交的なので、友達をつくるのが得意です。クラスの人気者になる子もいます。一方で、落ち着きがなくおっちょこちょいで、興味の対象が次々と変わります。始めたことが**長続きしないので三日坊主**になってしまいます。忍耐とか我慢とか、かなり苦手かもしれません。

●風の気質の子供が起こす問題行動

風の気質の子供は移り気です。約束したことを簡単にやぶってしまいます。本人には悪気がないのでしょうが、大事な約束でも忘れてしまうことがよくあります。土の気質や火の気質にとって、そんな風の気質が理解できません。「あいつはおちょうし者の嘘つきだ！」と信頼を失ってしまうことになりかねません。

●先生が風の気質の場合

先生と生徒が同じ気質なら、コミュニケーションは円滑に進みます。また、鏡写しの関係なので、相手の欠点から学ぶという反面教師の役割にもなります。

先生自身の経験談を話すと効果的です。特に思春期の子供たちは、ユーモアを交えた失敗談が大好きです。話し終わったら「何かヒントになるようなアイデアはあったかな？」と質問してみます。「○○ならできそうだ」などと返答されたら「いいね～！」と背中を押します。1つクリアしたら、次のチャレンジへとよい流れをつくってあげましょう。

●先生が土の気質の場合

先生と生徒が真逆の気質の場合は、コミュニケーションは難しくなります。何事もきちんとしたい土の気質にとって、いいかげんな風の気質は天敵と言ってもいいでしょう。

「なぜ、できないの？」と、詰問調にならないことです。原因論よりも目的論ということを思い出してください。「何があったのか、先生に詳しく教えてくれない？」と、現状を俯瞰させてみます。先生はノージャッジで傾聴することを心がけてください。理詰めで追い込むと風は逃げ出します。

●先生が火の気質の場合

正義感が強い火の気質は、言うことがコロコロ変わる風の気質が許せません。対立関係になって怒鳴ってしまうこともあります。

コツは感情的にならないことです。思春期の心ははげしく揺らいでいます。先生が感情的になると、風の気質は台風のように大荒れになります。

「本当はどうなったらよかったかな?」と聞いてみましょう。風の気質はアイデアマンです。目的論的なアプローチならうまくいきます。

●先生が水の気質の場合

先生が水の気質の場合は、穏やかな雰囲気が居心地がよく、風の気質の子供たちはとてもリラックスできます。

一方で、動くことが大好きな風の気質の子供は、退屈してしまう可能性もあります。風の気質の子供たちは、とにかくあきさせないのがコツです。もともと、スピーディーに行動することが得意ですから、次々と新たなチャレンジをするように声かけをしましょう。いい方向に風が吹き始めたら、あとは流れに乗ってぐんぐん成長します。

風の気質へのコーチングアプローチ

①約束を守らないから信用できない
↓
②責めると逃げる気質だから、責めずに傾聴すること
↓
③あきさせないこと。新しいアイデアを引き出す

風の気質の子供たちは、人なつっこさがあります。**風の気質は人間が大好き**なのです。クラスやチームの中に風の気質の子がいると、コミュニケーションが活発になりムードがよくなります。スポーツではピンチの場面で真価を発揮します。風の気質はピンチの場面でもニコッと笑えます。「大丈夫だよ～！　楽しんでいこう！」**風の気質は空気を変えます。**また、人好きの彼らは**「この人のためなら頑張る！」**という強い思いがあります。風の気質のよさを引き出すために、頻繁に声かけをしましょう。先生に気にかけてもらっている、愛されているという実感が、彼らのモチベーションを上げます。

3　土の気質の子供たちへのコーチング
◎真面目にコツコツ　×悲観的で悩みがち

土の気質の子供たちは、真面目で思慮深いタイプです。計画性があり、何事もきちんとしています。物事を慎重に行い、約束したことは必ず守ります。

一方で、融通がきかなくて杓子定規なところがあります。いつも何かに悩んでいて、悲観的です。頭痛とか腹痛とか、体の不調を訴えるのも特徴です。

●土の気質の子供が起こす問題行動

土の気質の子供は決して攻撃的ではありません。しかし、不愉快なことをされるといつまでも覚えています。執念深いところがあるので、問題がこじれる場合が多々あります。そして「なんでいつも自分ばかり……」と鬱々としています。最終的には、自分で自分を責める自己否定が始まってしまいます。

●先生が風の気質の場合

先生と生徒が真逆の気質の場合は、コミュニケーションは難しくなります。風の気質の明るく朗らかな雰囲気は、本来とても居心地がいいものです。しかし、深い悩みの中にいる土の気質の子供には、風の気質の明朗さが受け入れられません。

「私のことをわかってくれていない」とさえ思ってしまいます。

土の気質の心の痛みに寄り添ってみてください。「そうか〜、それはつらいことだね〜苦しいよね」と共感的に傾聴することから始めてみましょう。

●先生が土の気質の場合

先生と生徒が同じ土の気質の場合は、よくわかり合える関係になれます。土の気質の先生は、人の心の痛みに共感する能力が高いので、子供たちの苦しみがよく理解できます。また、互いに鏡写しの関係になるので、学び合うこともできます。

先生自身の克服体験を話してみてください。悩みや苦しみをどのように乗り越えてきたか？　お説教よりも経験談の方が100倍効果的です。土の気質の子供たちは、同じ苦しみを味わった人を信じてくれます。

●先生が火の気質の場合

アグレッシブな火の気質にとって、いつもウジウジ悩んでいる土の気質は理解できません。「いつまでウジウジしているの！」とイライラが爆発してしまいます。

土の気質は責められると殻に閉じこもります。頑固なので、一度閉じこもってしまうと問題が長期化します。

火の気質の先生は土の気質の子供たちにポジションチェンジして感じてみてください。土の気質の繊細さを五感で感じてみるのです。心の痛みに共感できれば心の扉が開きます。

●先生が水の気質の場合

水の気質の先生はとても穏やかなので、土の気質の子供たちは安心して過ごせます。しかし、水の気質は他人への興味が薄いので、土の気質の子供たちがいつも悩んでいることに慣れてしまい、いつの間にか無関心になってしまいます。

水の気質の聞き上手を活かして、たくさん雑談をしてみてはどうでしょう。土の気質は思慮深いので、様々な出来事を論理的に話してくれます。会話をすることで、土の気質の鬱々とした気分が軽くなります。

▼土の気質へのコーチングアプローチ

①「なんでいつも自分ばかり……」と悲観的になっている

←

②責めると殻に閉じこもる。心の痛みに共感すると扉が開く

←

③苦難を克服して成長した姿をイメージする

土の気質の子供たちは、**考えることが大好き**です。まるで哲学者のように考え続けています。その思慮深さに理解を示してあげれば、たくさん話してくれます。彼らは理論家です。難しい課題を与えても、しっかり調べて答えを導き出します。また、**苦難からの克服体験**などを話してあげると意識が前向きになります。大事を成し遂げた偉人たちは、必ず苦難と障害を乗り越えています。悩むことや苦しむことは悪いことではありません。**苦しみは人生の糧**になります。内側にこもりがちな意識を外に向けてあげることができたら、コツコツと努力を積み重ねる土の気質のよさが表に出てきます。

4　火の気質の子供たちへのコーチング
◎情熱的で行動力抜群　×短気で自己中心的

火の気質の子供たちは、**情熱的でアグレッシブ**です。いったん目標を決めると、最後までやりぬく意志力もあります。その場を仕切るのが得意なので、生まれながらのリーダーとも言えます。一方で、批判されるとすぐに怒ります。**短気でけんかっぱやい**タイプです。筋肉質でガッチリしていて顔を真っ赤にして怒る、それが火の気質の特徴です。

●火の気質の子供が起こす問題行動

正義感が強く自己中心的なので、反論を受け入れるのが苦手です。批判されると、すぐにカッとなって怒ります。一度怒り始めると火山のように爆発します。もう手をつけられません。火の気質の周りには、対立やけんかが絶えません。4つの気質の中では、いちばん問題行動を多く起こします。

●先生が風の気質の場合

明るく朗らかな風の気質の先生は、火の気質の子供たちにとって、とても居心地のよい場所をつくってくれます。火の気質はのびのびと能力を発揮します。

ただし、風の気質は八方美人なところがあります。人一倍自己顕示欲が強い火の気質にとって、先生の注目が他の子に移っていることが許せません。

「○○の件はどうなったかな?」などと、頻繁に声かけをしてください。「先生はいつも気にかけているよ」というメッセージが彼らの承認欲求を満たしてくれます。

●先生が土の気質の場合

土の気質の先生はとても論理的です。逆に火の気質の子供たちは感情的です。感情を爆発させている子供たちを論理的に説得しようとしても効果はありません。

火の気質の感情に寄り添ってあげましょう。「そうか～、そういう気持ちで怒ってしまったんだね～」と共感的に傾聴します。本当はよかれと思ってやったのかもしれません。火の気質は「わかってほしい」のです。わかってくれる相手には心を開いてくれます。

●先生が火の気質の場合

先生と生徒が同じ火の気質の場合は、互いにわかり合える関係になります。火の気質の子供たちにとって、同じ火の気質をもつ先生は尊敬の対象になります。

一方で、先生の炎が強すぎると、恫喝や体罰に発展する場合があります。火と火が重なると火山の大爆発や大規模な山火事のような大惨事になりかねません。

火の気質の子供たちを力で押さえつけないことです。怒りの中にある正義感に承認の言葉をおくってあげましょう。

●先生が水の気質の場合

火の気質の対極にあるのが水の気質です。先生の穏やかな雰囲気が、火の気質の子供たちをやさしく包んであげられます。火の気質にとっては落ち着ける場所です。

一方で、他人への関心が薄いのも水の気質の特徴です。火の気質は、人一倍自分に関心を向けてほしいと思っています。承認欲求が満たされないと反発が起きます。

火の気質はチャレンジが大好きです。少し難しい課題を与えても大丈夫です。向上心に火がついて思わぬ成長を遂げます。

火の気質へのコーチングアプローチ

①批判されると、すぐにカッとなって怒りだす
↓
②怒りの中の善意（正義感など）に承認の言葉をおくる
↓
③あえて難しい課題を与えて、チャレンジを応援する

火の気質はありあまるエネルギーをもっています。スポーツではその闘争本能が際立ちます。彼らの**燃えるようなエネルギー**を活かすも殺すも、先生の関わり方ひとつです。

火の気質の子供たちは**尊敬できる大人を求めています。**だからといって、完璧な聖人君子になる必要はありません。ありのままの姿でいいので、先生自身がチャレンジしている姿を見せてください。火の気質は**チャレンジが大好き**です。チャレンジする姿が最高の勇気づけになるはずです。**先生のブレない「自分軸」が、火の気質の子供たちのお手本です。**

5 水の気質の子供たちへのコーチング
◎穏やかなムードメーカー　×無気力な怠け者

水の気質の子供たちは、**穏やかでのんびり**しています。いつも**マイペース**で、感情的になることはありません。1つのことに集中して黙々とやり続けることもできます。一方で、何事にも興味・関心が薄く、**無気力**なように見えます。すぐに行動しないので**グズグズ**しがちです。おいしいものが大好きで、丸い体形をしている子が多いようです。

●水の気質の子供が起こす問題行動

水の気質の子が自ら問題を起こすことは少ないかもしれません。もともとが平和主義者なのです。ただし、その無気力さが火の気質や土の気質をイラつかせる可能性はあります。「あいつだけ、本気でやっていない！」などと責められてしまいます。また、怠け癖から引きこもりや不登校になってしまう子もいます。

●先生が風の気質の場合

風の気質の先生の朗らかで明るい雰囲気が、水の気質の子供たちをのびのびさせます。急かされずマイペースを守ってくれるので、とても望ましい環境と言えます。また、風の気質の先生は好奇心が旺盛です。水の気質の子供たちは、何にでも興味・関心をもつ先生の影響を受けて、眠っていた好奇心が目を覚まします。

ただし、先生のペースで進めると、スピードについていけなくなります。ときには、先生自身が水の気質のペースを味わってみることもおすすめです。

●先生が土の気質の場合

何事もキチンとしたい土の気質の先生は、ダラダラしている水の気質の子供たちに、いつもイライラさせられます。また、すぐに行動しないので、先生が先回りしてしまい、あれこれ世話を焼いてしまいます。これでは依存関係になってしまい自律心が育ちません。

「先生も手伝うから、一つ一つやってみようか?」と、まずは小さなアクションを引き出す声かけをしてみましょう。完璧でなくてもいいので、自分の足で一歩踏み出してみる経験が彼らを成長させます。

●先生が火の気質の場合

火と水は真逆ですから、難しい関係になります。グズグズしている水の気質をせっかちな火の気質は我慢できません。「しっかりしろ！」「早くしろ！」と、つい怒鳴ってしまいます。感情的になりすぎると体罰につながることもあります。

しかし、急かせば急かすほど、水の気質の子はフリーズします。彼らのペースを尊重してあげましょう。「大丈夫だよ。キミのペースでやってみよう。先生は待っているからね」と寄り添ってあげることが最初の一歩につながります。

●先生が水の気質の場合

先生と生徒が同じ水の気質であれば、穏やかでのんびりしたムードが心地よく、互いによい関係を築けます。一方で、新しいことに興味・関心が向かなくなり、水の気質の子供たちはますますチャレンジしなくなります。これでは人間的に成長できません。

そこで、他の気質の子供たちと意図的に交わるようにさせます。水の気質は誰が相手でもすぐにとけ込みます。また、他の子の影響を受けやすいタイプです。異なった気質から刺激を受けて、ゆっくりチャレンジが始まります。

水の気質へのコーチングアプローチ

①ダラダラしていて、ヤル気を感じない
↓
②急かせばフリーズする、先回りすれば依存する
↓
③マイペースを受け入れて、ゆっくり進む姿を見守る

水は変幻自在です。水は太陽の熱で水蒸気になり上昇します。そして上空で冷やされると雨や雪になって再び地上に降りてきます。水の気質の子供たちは、風や土や火の間で真価を発揮します。どの気質が相手でも、いつの間にかとけ込みます。

また、風の気質からは好奇心を、土の気質からは計画性を、火の気質からは意志力を、それぞれから**水の気質は吸収します**。スピードはありません。けれど、**ゆっくりじっくり進むことにもよさ**はあります。結果を急がないことがコツです。マイペースを守ってあげれば、水の気質のよさが表に出てきます。

6　子供たちの気質を知るとクラスマネジメントが変わる

「おたくの息子はやさしすぎる。やさしいヤツは野球には向いていない。もっと闘争本能を出すように教育すべきだ」。このセリフは野球指導者が保護者に向けて言ったものです。先生はどう思いますか？　本当にやさしい子は野球には向いていないのでしょうか？

おそらく、この指導者は火の気質です。実際、スポーツの現場には火の気質が多いようです。火は情熱的でアグレッシブ、負けず嫌いで闘争本能丸出しです。また、火の指導者は火の気質のプレースタイルを望みます。なぜなら、自分自身がそのスタイルで成功しているからです。

「うちの息子は野球に向いていないのでしょうか？」と保護者の方から相談を受けました。そこで私はこんな質問をしてみました。

「やさしいタイプで成功している野球選手は本当にいないですか？」

例えば、松井秀喜さんや大谷翔平選手はどうですか？　松井さんや大谷選手のインタビユーを見ると、2人からは穏やかでやさしい気質を感じます。水の気質かもしれません。彼らはやさしいタイプだけれど野球で大成功しています。

「やさしい子は、その気質を活かして野球をやればいい。無理に変える必要はありません。きっとそのやさしさがチームを救います」と私は伝えました。

先生のクラスはいかがですか？　風・土・火・水、すべての気質の子がいますか？　先生自身の気質はどうですか？　風の気質の先生は、土の気質の子供たちの悲観的なところが受け入れ難いかもしれません。逆に、土の気質の先生は風の気質の子供のいいかげんさが許せないし、火の気質の先生は水の気質の子供がグズグズするとキレそうになります。水の気質の先生は火の気質の子供のはげしさに手を焼くでしょう。けれど、**気質を外側から変えることはできません。**気質は受け入れて生涯つきあっていくものです。先生が子供たちにしてあげられることは、気質を変えることではなく、**自分の気質とどうつきあっていくのかを見せてあげる**ことです。

私は4つの気質を知って人間関係が楽になりました。私は火の気質です。すぐに行動しない水の気質をずっと理解できませんでした。「グズグズするな！　早くしろ！」と、何度も責めてきました。

コーチングには**「ポジションチェンジ」**というスキルがあります。1つの問題を**「自分目線」「相手目線」「俯瞰目線」**の3つの視点から見るスキルです。

例えば、火が水にポジションチェンジすると、水の視点から問題を見ることができます。「急かさないでほしいな」「ぼくのペースでやりたいな」

水は火をじゃましたいわけじゃないし、対立したいわけでもありません。その気持ちにふれてみるだけで、火は水を責める理由がなくなります。結果、それぞれが相手を尊重しながら自分のやり方で目標を目指すという選択が生まれます。私たちは相手と同じ気質にはなれないけれど、**相手を理解することはできる**はずです。理解からは協調が生まれます。

子供たちのお手本になってほしいのです。言って聞かせるのではなくて、やって見せてください。まず先生自身が自分の気質を受け入れることからスタートします。そして気質をコントロールしてください。**「気質とつきあう」とはセルフコントロールのこと**です。

先生の姿から子供たちは学びます。自分の気質を否定するのではなく、長所と短所を知ること。そして、自分以外の人の気質も受け入れて、それぞれの長所と短所を理解することです。

▼気質タイプ別コーチングアプローチのまとめ

①気質の長所と短所を知り、外側から変えようとしない

↓

②自分の気質を受け入れる。他人の気質を理解する

↓

③先生自身がお手本となって、クラスの中で学び合う

多様性を受け入れることが人類の大きな課題になっています。社会がそうであるように、先生の**クラスでも多様性を受け入れる**必要があります。シュタイナーが提唱したとおり、地球に空気（風）・大地（土）・太陽（火）・海（水）の4大元素が必要なように、社会には、風・土・火・水の4つの気質が必要です。子供たちのよさを引き出してください。それぞれの子供たちが違う長所をもっています。子供たちのよさを引き出し組み合わせることで**最高のチームができあがります**。同時に、それぞれの欠点を補い合うことにもつながります。それが**本当のクラスマネジメント**ではないでしょうか。

「外部の人だからできる。教師や親には絶対無理だよ……」

関係性が近くなるほど、コミュニケーションは難しくなるものです。だから、毎日子供たちと顔を合わせている親御さんや先生のご苦労はよくわかります。とはいえ、本当に「絶対無理」でしょうか？

青森県東北町にある東北中学校には**「絶対無理」を覆した先生**がいます。**水木慈恵先生**はベテランの学年主任です。私と水木先生は前任の中学校時代から交流があり、全国で初めて学校ドリプラ（夢のプレゼン大会）を開催した同志でもあります。

水木先生の学年では、**３年間を通して子供たちの自律をサポートする特別授業**を実施しています。**１年生では、コーチングを学び夢をビジュアル化する授業。２年生では、夢をより具体的にした起業家体験授業。**そして**３年生では、たくさんのオーディエンスの前で自分の夢やビジョンをプレゼンする授業**です。

３年間にわたるプログラムを経験した子供たちは、自分の頭で考え行動する自律した若者として巣立っていきます。そして驚くべきことは、**子供たちが互いにコーチング的に関わっていること**です。やればできるものですね。

3章　3ステップコーチングのプラクティス

教師のためのヒント
場面別・思春期コーチングの実例

1　とにかくヤル気が出ない子

高校3年生のRくんは受験生。大学入試が目前に迫ってきているのに、いっこうにヤル気が出ません。模擬試験の結果もかんばしくない状況です。とりあえず受験勉強は続けているけれど、なかなか本気のスイッチが入りません。

さて、先生ならどんな声かけをしますか？

●ヤル気エネルギーは未来の自分からもらう

Rくんと話したのは大学入試を間近にひかえた11月でした。

「とにかく勉強のモチベーションが上がらなくて……模試も全然ダメだったし、どうしたらいいかわからなくて……」

「なるほど、勉強のモチベーションが上がらないんだね？」

Rくんはきっと不安でいっぱいです。

私はその不安を包み込むように穏やかな笑顔とゆったりした口調を心がけました。

「で、志望大学はどこなの？」

「はい、一応、〇〇大学を目指しています」

Rくんは自信がなさそうに答えました。

私は微笑みながら、うんうんと承認のうなずきを繰り返しました。

「ところで、将来は何かやってみたいことがあるの？」

あえて、大学の**その先の未来を聞いてみる**ことにしました。

うつむき気味だったRくんが、パッと顔を上げて言いました。

「将来は教師になりたいです」

「本当に？　すごいな！　どうして教師になりたいの？」

ここで大切なのはRくんの思いを肯定的に受け入れることです。

教師になるのは大変だぞ……のような正論をふりかざさないことが大切です。

「ぼく、人に何かを教えるのが得意なんです。だから向いているような気がして」

「いいね！　教えることが好きなんだね。で、小中高なら、どの先生をやりたいの？」

未来のビジョンを描くコツはより具体的にすることです。

ディテールを描けるようにサポートしてあげます。

「小学校ですね」

「いいね！　小学校か〜。何年生を受け持ってみたい？」

「えっ？　そこまで考えたことなかったです……3年生か4年生かな」

「3年生か4年生かぁ〜。9歳〜10歳の子供たちだね」

Rくんの表情が少しやわらかくなってきました。

「イメージできるかな？　小学校の先生になって、3年生か4年生の担任になっている自分の姿を……。目を閉じてイメージしてごらん」

Rくんは目を閉じて想像を巡らせているようでした。

私は静かに彼の様子を見守っていました。

「どう？　イメージできたかい？」

「……はい、できました」

「Rくんのクラスはどんな様子かな？」

「みんな楽しそうです。ニコニコしていて……なんかあたたかい雰囲気です」

「いいね～。Rくんは何をやっているの？」

「授業をしています。何を教えているのかな……？　ぼくも笑っていますね」

「そうか～。先生も子供たちも笑顔なんだね～ステキなクラスだね～」

「はい。やっぱり先生っていいですね」

最高の未来をありありとイメージすると、心のスイッチが入ります。

そこで、私はもう1つ質問を投げかけてみました。

「Rくんが小学校の先生になったら、子供たちに何を伝えたいかな？」

Rくんは天井を見つめながら、ゆっくりと話し始めました。

「いちばん伝えたいことは、**失敗を怖れずにチャレンジすること**です。縮こまっていないで、思いっきりチャレンジする子になってほしいです」

「わぁ～すばらしいね～！　Rくんはいい先生になるね」

「はい、ありがとうございます」

「もう1回、今のフレーズを言ってみてくれるかな？」

「ええっと……失敗を怖れずにチャレンジする……」

「いいね！　もうちょっと声をはって言ってみて」

「失敗を怖れずにチャレンジする！」

「いいね！　最高！」

Rくんは、ちょっと赤くなって照れ笑いをしていました。

「失敗を怖れずにチャレンジするって、大切なことだね。言ってみてどうだった？」

「ちょっと恥ずかしかったけど、いい気分でした」

「ところで、Rくんはどうなの？　**失敗を怖れずにチャレンジしているかな？**」

「……少し怖がっているかもしれません」

「そうだよね。大学受験って怖いよね。失敗したらどうしようって思うよね」

ネガティブな思いにも寄り添います。

そして、結果を急いでアドバイスせずに、自問自答する時間をつくってあげます。

「チャレンジって……大切ですよね」

「そうだね。失敗を怖れずにチャレンジする。キミならできるよ」

「諦めずにやってみます。チャレンジしてみます！」

Rくんと私は握手をしました。彼はきっといい先生になります。

3ステップコーチング

①Rくんの不安に寄り添う。深刻にならないことも大切
↓
②大学受験のその先の未来へ。「なんのためにやる?」という問いかけ
↓
③「失敗を怖れずにチャレンジする」未来の自分からのエール

モチベーションとは動機づけという意味です。**動機づけとは「なんのためにやるのか?」という問いから始まる自分の内側への探索**です。目標設定は大切ですが、目標をもつだけではモチベーションを維持することはできません。

「なんのためにやるのか?」自分の内側への探索の中で答えを見つけたとき、ヤル気があふれてきます。**ヤル気の源泉は自分の内側にある**のです。叱咤激励や気合で、外側からヤル気を出させようとしても一過性のものにしかなりません。子供たちと一緒に最高の未来を想像してみませんか? **ヤル気エネルギーは未来の自分からもらうのです。**

2　友達関係で悩んでいる子

中学3年生のHさんは、バドミントン部の女子メンバー。同じ部のA子とB子と一緒に行動しています。もともとA子とは気が合うし親友だと思っていますが、B子とは気が合いません。B子は自己中心的で話題の中心にいないと気がすまないタイプ。やさしいA子はB子のわがままを受け入れてしまいます。気がつくと、Hさんはいつもひとりぼっちになってしまいます。さて、先生ならどんな声かけをしますか？

●課題の分離をすると、行動がシンプルになる

Hさんはキチンとした印象のメガネが似合う中3女子です。メガネの奥の瞳はやさし気で、少し神経質そうに見えました。体育会系というよりは文化系の印象です。私の前に立

つと、もじもじしながら、ようやく話し始めました。

「こんにちは！　部活中かな？」

「はい、部活中ですけど、ちょっと抜けてきました」

Hさんは少しうつむきながら話し始めました。

「部活の人間関係で悩んでいます……」

「部活の人間関係ね？　もう少し具体的に話してもらっていいかな？」

「同じ学年のバド部で、A子という仲のいい子がいるんです」

「うん。A子さんとは仲がいいんだね？」

「A子はとてもやさしくて、いつも話し相手になってくれます。わたし、人見知りであまり友達がいないんです……。だけど、A子だけは普通に話せます」

私は**ニコニコしながら、うんうんと何度もうなずき**ました。

「バド部にはB子もいます。B子は……ちょっとわがままで自己中です。わたしはちょっと苦手で……」

「なるほどね～」

「バド部の3年生は3人しかいないので……いつも3人一緒に行動することが多くて」

「いつも3人一緒なのね」

「だけど、B子はわがままなので、いつも中心にいなきゃ気がすまないんです」

「なるほど、B子さんが3人の中心になっちゃうのね」

「そうです。A子はやさしいから、B子の相手をしてあげます。そうなると、3人一緒じゃなくて、2人と1人に分かれちゃう……」

「2人と1人ということは、Hさんがひとりぼっちということ?」

「B子はわたしのことがじゃまなんです」

「じゃま」という言葉に力がこもっていました。

「わたしがいると、ウザい……みたいな」

「直接、そう言われたの?」

「いえ、言われたわけじゃないけど、なんとなくそう感じます」

「直接言われたわけではないのね」

「せっかくできた友達なのに、A子をB子にとられると思うと……」

「せっかく?」

「わたし、転校生なんです。父の仕事の関係で小学生の頃から何度も転校して、その度に、なかなか友達ができなくて苦労しました……」

Hさんのやさし気な瞳には涙があふれそうになっていました。

「転校する度に、友達づくりに苦労してきたんだね」

「はい……。ようやくできた友達なんです」

「この件について、A子さんに話してみたことはあるの？」

「A子は、『B子はああいうタイプだからしょうがない』って言っていました」

「で、Hさんはどう思うの？」

「B子の性格は変えられないし……しょうがないですよね」

Hさんは、**変えられないものは変えられない**と気づいていました。

「ところで、A子さんとの関係はどうしたいの？」

「A子とはこれまでどおり、ずっと友達でいたいです」

「そのことはA子さんに話してみた？」

「ちゃんと話してないです……」

「話してみたらどうなるかな？」

「う〜ん……、きっと、ずっと友達でいてくれると思います」

「いいね～！　A子さんに話せそうかな？」

「話します。わたしの気持ち、ちゃんと伝えてみます」

そして、もう1つの課題について質問してみました。

「B子さんの方はどうするの？」

「そっちは……もうどうでもいいです……B子はB子なんで、そのままでいいです」

なるほど、**悩むほどの問題じゃなかった**ようです。

Hさんは笑顔になりました。

「ところで部活の目標はなんだっけ？」

「まずは全県大会に出場することです！」

「いいね～！　しっかりトレーニングはできているかな？」

「へへへ……ちょっとサボっていました」

Hさんは別人のような表情で体育館へ向かいました。

後日、Hさんに会ったとき、その後の3人について聞いてみました。

「A子とは親友のままだし、B子のことも気にならなくなりました。今は大会に向けて、部活を頑張っています！」

▼3ステップコーチング

①誰が悪いのかを決めつけない。B子が「じゃまだ」と言ったわけではない
←②課題の分離をする。問題はA子との関係？　それともB子との関係？
←③A子に自分の気持ちを伝える。コントロールできることに集中する

アドラー心理学には**課題の分離**という考え方があります。

複雑に見える問題でも、一つ一つ考えていくことで、いくつかの課題に分けることができます。その課題に対して、自分が**コントロールできることは何か？　コントロールできないことは何か？**を選別します。Hさんのケースでは、コントロールできることは「A子に自分の思いを伝えること」。コントロールできないことは「B子を変えること」でした。

自分が**コントロールできることに集中すると、人生はとてもシンプル**になります。Hさんが言ったとおり**「どうでもいいことはどうでもいい」**のです。

3　自信を失っている子

中学2年生のJさんはソフトボール部で活躍する体育会系女子。日焼けした肌と真っ白い歯が印象的なJさんですが、見た目とは裏腹に自分に自信がありません。「何をやっても全然ダメなんです……」とJさんは自虐的に話すのです。

●不完全であることを受け入れると、劣等感がエネルギーに変わる

ショートカットが似合うJさん。背がスラっと高くスリムで、いかにも運動神経がよさそうに見えます。よく日焼けしていて健康そのもの。笑うと白い歯がまぶしいくらいです。

「こんにちは！　Jさん、今日はどうしたの？」

「ちょっと相談がありまして……わたし……、何をやってもダメなんです」

活発そうな見た目とは違い、小さな声で話し始めました。

「なるほど。Ｊさんは何をやってもダメだと思っているんだね？」

「自信がないんです……実際、何をやってもダメだし……」

「Ｊさんはソフトボール部だったね？」

「はい。ソフト部です。でも陸上部もやっています」

「へェ～２つの部活をかけもちでやっているの？　スゴイじゃん！」

「そんなことないです」

「陸上はどの競技をやっているの？」

「短距離です」

「短距離？　花形競技じゃん！　ソフトのポジションは？」

「ショートです。３番バッターでショートです」

「マジかよ～～！　陸上は短距離で、ソフトは3番って、カッコよすぎ！」

「……そうですか？」

「で、自分に自信がないって思っているんだね？」

私はニコニコしながらJさんの顔を見ました。

「どうしたら自信がもてるようになりますか？」

「自信がもてるようになる方法ね～。そうだな～、ところで、Jさんには仲のいいお友達はいるかな？」

「はい、います。2人。A子とB子です」

「A子さんとB子さんね？　2人とも仲良しかな？」

「はい。とっても仲いいです」

「A子さんのいいところは？」

「A子のいいところは、とにかく明るいところです！　一緒にいると、それだけで楽しくなっちゃいます！」

「いいね～！　それじゃ、B子さんのいいところは？」

「B子はとにかく活発で何にでも積極的です！　わたし、B子がうらやましいです」

「なるほど。A子さんは明るいところがよくて、B子さんは活発なところがいいんだね。逆に2人のダメなところはあるかな？」

「う～ん、ありますね……。A子は普段は明るいけれど、すぐに落ち込みます。何か嫌なことがあると顔に出るタイプですね。上がり下がりがはげしいというか……。B子の方は無計画です。いつもいきあたりばったりで、マジで適当なんです」

Jさんは、そう言いながら笑いました。

「でも、Jさんは2人のことが大好き?」

「はい! 大好きです!」

「いいね〜! ちなみに、A子さんとB子さんではどっちが上かな?」

「上? ……上とか下とかないです」

「そうだよね。上とか下とかランクづけはできないよね」

「はい、**ランクづけとかはないです**」

「ソフト部のメンバーはどう? いろんなタイプの子がいるかな?」

「います! **全員が個性的です**」

「いいね〜! 個性的な子が揃っているんだね〜。みんな必要な戦力?」

「はい、**全員が必要です**」

「いいね〜! 1番から9番までいろんなタイプの選手がいるチームってどう?」

「いいチームです!」

「3番バッターはどう? けっこういい選手だと思うけど……、どう思う?」

Jさんは少しの間、黙っていました。そして微笑みながら話してくれました。

「その選手も……必要です」

「Jさん、キミのかわりはいないよ。Jさんはこの世界でひとりだけ。だから他の誰かと比べても意味がない。そう思わない？」

Jさんは静かにうなずきました。

「**劣等感は誰にでもある**。実はぼくにもある。高校生の頃は劣等感の塊だったよ。でもね、劣等感も悪いことばかりじゃない。だって、劣等感があるから頑張れることもあるじゃん。例えばバッティングが苦手なら、守備で貢献しようと思って努力するでしょ？」

「そっか〜、劣等感って悪いことばかりじゃないんですね？」

「そうだね、**劣等感をエネルギーに変えれば、それはプラスになるね**」

「ありがとうございます。ちょっとスッキリしました！」

「部活、頑張れそうかな？」

「はい！　頑張ります！」

Jさんは大きな部活バッグをかかえてグラウンドに向かって行きました。

小気味よくはずむような軽快なステップでした。

▼3ステップコーチング

①2人の友達の長所と短所に気づくことで、自分の長所と短所に気づく

↓

②「それでも2人のことが大好き」不完全であることを受け入れる

↓

③不完全な自分にオーケーを出す。劣等感をエネルギーに変える

アドラーは「**人間であることとは、劣等感をもつことである**」と言いました。**劣等感は、向上したい、成長したいという欲求の表れ**です。とはいえ、思春期の子供たちにとって、劣等感は苦しみをもたらします。自分にないものを他人の中に見つけて、その度に意気消沈してしまいます。Jさんのケースでは、2人の友達について話してもらいました。友達にも長所と短所があることに気づきました。そしてJさんはそんな2人のことが大好きです。**不完全であることを受け入れると、劣等感はエネルギーに変わります。**自分にないものを求めるのではなく、**あるもので全力を尽くすのです。**

4　親子の関係がうまくいっていない子

高校1年生のMくんはスポーツが大好きな男子です。彼は半分不登校でした。なぜ半分なのかといえば、週3回の部活動がある日だけ登校するからです。2学期に入ってから遅刻が目立ち始め、徐々に休みがちになり、今では学校に行かない日の方が増えています。このままでは出席日数不足で進級も危うい状態です。

●ポジションチェンジをして、ときには親の気持ちを味わってみる

Mくんは運動神経抜群で、中学時代から部活動で大活躍していました。そんなMくんを熱心に勧誘してくれた高校がありました。Mくんは、その高校に入学して部活動を頑張っていました。ところが夏休み明けぐらいから状況が変わりました、

「こんにちは！　Mくん、今日は部活ないの？」

「はい、今日は練習休みです」

不登校とは思えないほど、ハキハキとした口調でした。

「部活は楽しいかい？」

「はい！　楽しいです！」

「監督や先輩とはうまくやれているかな？」

「はい。監督とも普通に話せるし、先輩たちはいい人ばかりです」

「いいね～！　それじゃ学校に行かないのは苦手な先生とかクラスメイトがいるの？」

「う～ん……先生もクラスメイトも特に問題ないです」

「もしかしたら、勉強するのがかったるい？」

「そうですね～かったるいときもありますね」

「どういうとき、かったるいの？」

「いつも、お父さんが先に家を出るんです。それからごはんを食べて準備するんですけど……。テレビを見ているうちにズルズルしちゃって。気づいたら昼……みたいな」

「そうか～、気づいたら昼みたいなことね～。で、それからどうするの？」

「学校に行くときもあります。部活があるときは練習に行きます」

「いいね～！　朝は何時に起きるの？」

「7時頃ですね」

「けっこう、普通じゃん。余裕で間に合うでしょ？　でも、かったるい？」

「そうなっちゃいますね」

「家には誰もいないんだっけ？」

「おばあちゃんがいます」

「おばあちゃんとは話さないの？　苦手かな？」

「あんまり話さないです。苦手ってわけじゃないけど」

「お父さんはどう？」

「う～ん……ウザいです」

Mくんは父子家庭で育ちました。

家族構成はお父さんとおばあちゃんとMくん。お父さんは営業の仕事をしています。おばあちゃんは体調があまりよくありません。そろそろ介護が必要な状態です。

「そうか～、お父さん、ウザい？」

「キレると、超～ウザいです」

「お父さん、キレるときがあるんだ？」

「しょっちゅうキレます」

Mくんの表情が急にくもりだしました。

「でも、Mくんがなんかやらかしたから、キレるんじゃないの？」

「そうですけど……学校休まない日もキレます」

「どんな感じでキレるのかな？」

「……お酒を飲んで……キレます」

Mくんが苦しそうな表情をしてうつむきました。

「そうか……お父さん、お酒を飲んでキレるのか……」

「それがいちばん嫌なんです。昔のこととか言い出すし……始まると終わらないです」

Mくんが毎朝かったるくなる理由がわかったような気がしました。

私はここで、Mくんにポジションチェンジをしてもらいました。

「Mくん、ちょっと**お父さんの気持ちになって感じてほしい**んだけど……。ハードな仕事をこなして、ようやく家に帰ってきたのに、まだまだやることは山積みで……おばあちゃんの世話とか……そのときのお父さんの気持ちを感じてみて？」

Mくんは目を閉じて、想像を巡らせているようでした。

「たぶん……すごく疲れています。ストレスとか……いろいろあります」

「うん。そうかもしれないね……ヘトヘトに疲れているのかもね」

「はい、それはわかっているんですけど……オレだってけっこうがんばっています」

「そうだね、Mくんもがんばっているよね……お父さんはどうだろう。がんばっていないかな？」

Mくんは黙っていました。そしてゆっくり息を吐き出しました。

「Mくんはどうしたい？　学校、やめたいかい？」

「いえ、やめたくないです。部活も続けたいです」

「部活の目標は？」

「インターハイに出ることです」

「いいね！　ちゃんと進級して、インターハイ出ようよ！」

「はい！」

Mくんは、ニッコリ笑って立ち上がりました。

3ステップコーチング

①不登校を責めないで、Mくんの気持ちに寄り添う
←
②親の気持ちを味わってみる。「疲れている。ストレスを感じている」
←
③「Mくんもがんばっている、お父さんもがんばっている」互いを理解する

コーチングの翌日からMくんは学校に行きました。不登校の原因は学校だけではなく、家庭が起因する場合もあります。**家庭が揺らぐと、思春期の心ははげしく揺れるものです。**このケースでは、Mくんはお父さんの気持ちを味わいました。「疲れている。ストレスかも」とMくんは**お父さんの気持ちを少し理解する**ことができました。ときには子供たちの言葉に耳を傾けてカラダの中の重苦しい感情を外に出してあげましょう。根本的な解決はできないかもしれませんが、**心が軽くなれば未来に向かう足どりも軽くなります。**先生の役割は、様々な生活背景をもつ子供たちの拠り所になってあげることかもしれません。

5 進路で迷っている子

高校3年生のKくんは大学受験を間近にひかえていました。「受験勉強のモチベーションが上がらない……」ということでしたが、話を聴いてみると、どうやら将来の進路に迷っているようでした。1つは家族に進められている進路。もう1つは自分が憧れている進路。2つの選択肢、揺れる思春期の心……。

●自分で考えて判断する。思春期は自我が芽生える時期

「もうすぐ受験なんですけど、いまいちモチベーションが上がらなくて……」

端正な顔立ちをしたKくんは、深刻な表情で話し始めました。

「モチベーションが上がらないんだね〜。ところで、将来のビジョンはあるの？」

Kくんは一瞬ためらったように間を置きました。

「実は2つありまして……」

「へェ～2つあるんだ～ぜひ聴かせてよ」

「1つは公務員になることです。もう1つは海外の日本語学校の先生になることです」

「いいね～！　2つともステキなビジョンだね～」

「はい、ありがとうございます」

「公務員になったら、何かやってみたいことはあるの？」

「いいえ、別にやりたいことがあるわけじゃなくて……ぼくの父が公務員なので」

「なるほど、お父さんが公務員だから、Kくんも、やってみたくなった？」

「公務員もいいな～って思います。両親のすすめもあるし……」

「もう1つは海外の日本語学校の先生だね。**ぶっちゃけ、どっちをやってみたいの？**」

「ぶっちゃけると……、海外の日本語学校の先生をやってみたいです」

「いいね～！　海外か～、ちなみにどの国で先生をやってみたい？」

「イタリアですね！」

Kくんの表情からは、いつの間にか深刻さが消えていました。

「イタリアが好きなんです！　イタリアの音楽も好きだし」

「いいね〜！　イタリアの日本語学校の先生になれたら、何を教えたいの？」

「日本の『侘び寂び』ですね」

「侘び寂び？　なかなか渋いことを言うね〜」

「日本独特の風流とか粋とか……日本語だけじゃなく日本の文化も伝えたいです」

「いいね〜！　イタリアの若者に、日本の文化を伝えたらどうなるかな？」

「日本のことをもっと好きになってくれると思います」

「日本のことを好きになったら、その先はどうなるかな？」

「たくさんのイタリア人が日本にきてくれます」

「いいね〜！　Kくんがやりたいことは国際貢献なんだね〜」

「あっ！　そうかもしれないです！」

「ちょっと**イメージしてみようか？**　大学を卒業してイタリアに行って、日本語学校の先生をやっている自分のことを……」

Kくんは目を閉じて想像の世界に入りました。

「日本語学校の先生になったKくんは、語学だけじゃなく、日本の文化『侘び寂び』も伝えているよ……生徒たちの表情が見えるかい？」

Kくんはニッコリ笑ってうなずきました。

「Kくん、どうだった？　今はどんな気分かな？」

「イタリアで活躍している自分をイメージできました！　**すごくワクワクします！**」

「いいね〜！　ところで、公務員のKくんもイメージしてみるかい？」

「はい」

Kくんはまた目を閉じて想像の世界に入りました。

「……あ、もういいです。なんか、ちょっと違いました」

「何を感じたの？」

「公務員はいい仕事だし、父も母も喜んでくれると思いますが……」

「やっぱり、イタリアで『侘び寂び』がいいかい？」

「はい！　そうしたいです」

「いいね〜！　**ところで大学受験はどうするの？**」

「京都の大学に行きます！」

「京都の大学？　どうして？」

「京都で日本の『侘び寂び』を学びます！」

「いいね～！　京都なら日本の伝統文化をたくさん学べるね」

「はい！　もう決めました！　京都に行きます」

「そのために、できることはあるかな？　受験まで少し時間があるよ」

「まずは京都の大学を調べます。イタリア語を学べる学校じゃないと意味ないし」

「いいね～！　他には何ができそう？」

「他には……、今日の補習に出ます。出るか迷っていたんですけど、なんか出たくなりました」

「いいね！　他にはどう？　例えば、お父さんと将来について話し合ってみるとか？」

「そうですね！　父と話さなくちゃ」

「お父さんはどんなリアクションをするかな？　ガッカリするかな？」

「う～ん……。**父はきっと応援してくれます**。ぼくの夢を応援してくれます」

「いいね～！　お父さんは応援してくれるね。それじゃ、補習がんばってね！」

「はい！」

Kくんは足早に教室に戻って行きました。

▼3ステップコーチング

①迷っているときは「ぶっちゃけ、どうしたい？」
←②2つの未来をイメージ　どっちが正しいか？より、どっちがワクワクするか？
←③モチベーションが上がったら、すぐにアクション！

シュタイナーは子供たちの成長は3段階で進むと教えました。**①0〜7歳まで。身体の成長期。**例えば、7歳頃には歯が永久歯に生え変わります。**②7〜14歳まで。心の成長期。**本を読んだり歌を唄ったり、感情表現が豊かになります。**③14〜21歳まで。思考の成長期。いわゆる自我が確立される時期です。**思春期の頃は、ちょうど自我が芽生え始める時期です。そして自我の芽生えと同時に、自分で考え行動する**意志力も目覚め**てきます。

思春期の頃に、親や先生が**答えを与えすぎると、子供たちの成長をはばむ**ことになります。いきなり放任は危険ですが、高校生ぐらいなら仮免ぐらいはあげてもいい時期です。

6　試験前でナーバスになっている子

中学2年生のTくんは真面目でおとなしいタイプ。進学塾に通いながら県内の名門校を目指す優等生です。ところが、前回の定期テストで異変が起きました。試験問題を解こうとしたら動悸がはげしくなり気分が悪くなったのです。試験の結果は散々でした。インターネットで調べて、自分はパニック障害かも？と思うようになりました。次のテストでもパニックになるのでは……と思うと不安が押し寄せてきます。

●私たちは他人の期待を満たすために生きているのではない

長身のTくん、一見スポーツをやっているのかなと思うほど立派な体格です。ところが話し始めると、体格とは裏腹に、今にも消え入りそうな声になりました。

「こんにちは。Tくん、今日はどうしたの？」

「実は……ぼく、パニック障害だと思うんです。病院に行った方がいいでしょうか？」

「パニック障害？　どうしてそう思うの？」

「ネットで、パニック障害のチェックシートを見つけたんです。やってみたらあてはまることがすごく多くて……きっと間違いないです」

こういったパターンは非常に多くなりました。インターネットの情報で自分を病気だと決めつけてしまうと、意識の拡大鏡により、ますます悪化する可能性があります。

「そうか〜。パニックになるのはどんなときかな？　最近もあったのかな？」

「ぼく、小学校の頃イジメられていました……そのときの記憶が蘇ってきます」

「どんなときに、その記憶が蘇ってくるの？」

「テストのときになりました」

「そうなんだ〜テストのときにパニックになってしまった？」

「はい。問題が読めなくなりました……テストの結果は散々でした」

Tくんは大きなカラダを縮めるように背中を丸めて下を向きました。

「パニックになったのは今回が初めてなの？」

「いえ、何度かあります。家で勉強していても記憶が蘇ってくることがあります」

「そうか～、そのときはどうしたの？」

「とにかく、違うことを考えてやりすごしました」

「なるほど、それでうまくいくときもある？」

「はい。でも、テストのときはうまくいきませんでした」

「今もイジメとかはあるの？」

「今は……ないです……でも、仲のいい友達はいません」

「友達がいない？　……1人も？」

「……1人だけいます。Aとは少し話したりします」

「いいね～。Aくんとはどんな話をするの？」

「イラストの話とか……。イラストを描くのが好きなんで……」

「いいね～。イラストかぁ～。将来はイラストレーターになりたい？」

「いえ。それは無理だと思うんで、イラストは趣味としてやっています」

「なるほど。じゃ、将来はどんな仕事をしてみたい？」

少したためらった後、Tくんは一段と小さな声で話しました。

「ＡＩの研究者になりたいです」

「ＡＩ？　いいね～！　どんな研究をしたいの？」

「人類とＡＩの共存です」

「人類とＡＩの共存か～！　すばらしいね！」Ｔくんが初めて笑いました。

「ＡＩの研究者になりたいって、誰かに話したことはあるの？」

「……ないです」

「お父さんやお母さんとは、そういう話はしないかな？」

「**親とはほとんど話さない**です。勉強しろ、成績上げろ、しか言われないんで」

「そうか～勉強しろと成績上げろしか言わないか……。ちょっと寂しいね？」

「子供の頃からそうなんで……慣れました……」

「**成績が下がるとしかられる**のかい？」

「はい」きっぱりとした冷たい口調でした。

パニックを起こす直接の原因は、イジメではないかもしれません。

「イラストを描いているときは楽しいかい？」

「はい、楽しいです！　ネット上に投稿したりすると、同じ趣味をもった人からレスがあって、嬉しくなります」

「ときどき、イラストを描く時間もとろうよ。今度、ぼくにも見せてくれない？」

「そうですね。最近は描いてないので……。今度描いてみます」

「ところで、Tくん、次のテストはどうしようか？」

「パニックにならないように、やってみます」

「いいね～！　もしなりそうになったらどうする？」

「……どうしようかな？」

「未来のTくんならどうするかな？　ＡＩの研究者になって活躍しているTくんなら」

「……きっと、**落ち着いてやるべきことをやる**と思います」

「落ち着いてやるべきことをやる。やるべきことって何かな？」

「問題を解くことです」

「そうだね。難しい問題のときはどうする？」

「う～ん、次の問題を解きます」

「いいね～！　**困ったら、未来の自分に相談してみる**ってどう？」

「はい、やってみます」Tくんが立ち上がると、さらに背が高く見えました。

▼3ステップコーチング

①課題の再設定。本当の問題はパニック障害ではないかも？
↓
②AIの研究者になっている未来の自分なら、どうするだろう？
↓
③「ほめられる、しかられる」からの脱出。自分の未来は自分で決める

「子供たちをほめればいいのですか？」講演会で「いいね～！」という声かけの話をすると必ず質問されます。単純に**「ほめる」と「しかる」は上から目線**です。**「いいね」は横や斜めの目線から出る承認の言葉。**そのように説明しています。子供たちは親や先生にほめられたいと思っています。ほめられたいから頑張ります。頑張ることはいいことですが、**ほめられるために頑張るのは、自律心ではなく依存心を育てている**ことになります。

アドラーは**「私たちは他人の期待を満たすために生きているのではない」**と言いました。**自分の未来は自分で決めること。**それが自律への第一歩です。

7 部活の大会前でピリピリしている子

高校3年生のRくんは運動部で活躍しています。責任感が人一倍強く、チームの副キャプテンとしてメンバーからは全幅の信頼を得ています。ところが最後の大会を目前にして、平常心でのプレーができなくなりました。練習で凡ミスを繰り返し「あいつ大丈夫か?」とメンバーから心配される始末。いよいよ明日は試合です。

●「自信」とは、自分を信じて結果を手放すこと

真っ黒に日焼けした顔とキリッとした瞳。まるで若武者のような印象を与えるRくん。頑張ってきた部活動で、最後の大会を迎えることになりました。いよいよ明日は大切な一戦です。グラウンドはピリピリムードに包まれていました。

「Rくん、こんにちは！　調子はどうだい？」

「こんにちは。調子ですか……ちょっと……」

「そうか～、今、話す時間はあるかい？」

私とRくんはグラウンドの脇にあるベンチに腰かけました。

「いよいよ、明日は大事な一戦だね。今の気持ちはどう？」

「はい。絶対にやってやるぞ、という気持ちです。必ず勝ちます」

「いいね～！　副キャプテンとして引っぱってきたけど、今のチームの状況はどう？」

「チームの仕上がりは最高です。雰囲気もいいし。みんな気合が入っています」

「いいね～。明日は最高の状態で試合に入れるね」

「はい。ただ問題は……」

「うん？　問題は？」

「自分の調子がイマイチで……」

「調子がイマイチ？　どこか故障でもあるの？」

「いえ、故障はないです。腰の状態も大丈夫です」

Rくんは腰に持病をかかえていて、満身創痍の中で3年間頑張ってきました。

「そうか〜、じゃ〜不安があるのはメンタルかな?」

「はい。どうも気持ちがあせっちゃって……練習でもミスばっかりして……」

「そうか〜。あせっているんだね?」

「はい。去年はオレのミスで負けて、先輩たちに申し訳ないことしちゃったし……だから今年はその分を取り返さなきゃいけないんです」

「去年の分を取り返したいんだね?」

「でも、不安なんです……ちゃんとできるか……不安なんです」

「不安か……。そうだよな。誰だって不安になるよな〜」

「だけど、なんとかしなきゃいけないです。絶対に負けられないから」

「そうだね。明日の試合は勝つ。そうだろ?」

「はい」Rくんの眉間には深いシワが刻まれていました。

「ところで、どうして人間は不安になるんだろうね?」

「……自信がないからじゃないですか?」

「なるほど、自信がないってどういうことかな?」

「いつもどおりできるか? 本当に勝てるのか? 確信をもてないってことかな?」

「うん。そうだよね。勝てるかどうか、確信なんてないよね」

「だから不安になるんですよ……」

「そもそも、確信がある人はいるのかな？」

「……」Rくんは黙って私の顔を見ていました。

「例えば、監督さんはどうだろ？　主力選手のAくんやBくんは？」

「……確信なんてないですよね」

「うん。**結果は誰にもわからないからね。わからないことを考えるってどう？**」

「ああ～なんか、笑っちゃいますね」

「だよね～。準備すればするほど不安は大きくなるし～人間って不思議だね？」

「そうですよね。準備するから不安になるんですよね～」

「そうそう。**戦う準備ができていない人は、そもそも不安にならない**」

Rくんが大きく息を吐き出しました。少し肩の力が抜けたように見えました。

「Rくんは、1年生から今日までの間、一生懸命練習したかい？　それとも適当に手を抜いてきたかな？」

「一生懸命練習しました。本気でやりました」

「いいね～。今日までの3年間、ケガをしてつらいときもあっただろ？　正直、やめたいと思ったこともあったかい？」

「……ありました……やめようと何度も思いました」

「だけど、やめずにやってきた。キミは諦めなかった」

「はい。諦めずにやりました」

「3年間、1日1日積み上げてきたことを、信じることはできるかな？」

Rくんはじっと考えているようでした。

「……できます。信じられます」

「それが自信だよ。その自信をもって、明日、グラウンドに立てるかい？」

Rくんの表情に光がさしたようでした。

「はい。やってみます！」

「自分を信じてやろう。キミの3年間を信じて」

翌日の試合、Rくんの活躍でチームは勝利しました。

ちょっと無骨で不器用なRくんが泥だらけになってチームを引っぱりました。

その姿は、本当に頼もしく清々しいものでした。

3ステップコーチング

①不安を受け入れる。「戦う準備ができていない者は不安にならない」
↓
②自分を信じる。「3年間、練習してきた自分を信じられるか?」
↓
③結果を手放す。「自分を信じてグラウンドに立ち、全力を尽くす」

結果はコントロールできません。わかっているはずなのに、私たちは結果に執着し振り回されます。Rくんはまさに不安の先取り状態でした。

一方で、今できることを見つけ最善を尽くすことはコントロールできます。**平常心とはコントロールできることに集中しているとき**に得られるものです。**自分を信じると書いて「自信」**です。今日まで準備してきた**自分を信じて、結果を手放すこと**ができれば、もっている能力を出しきれます。全力を出しきったなら、あとは結果を受け入れるだけです。力以上の結果は得られません。大切なことは**全力を尽くして一生懸命プレーする**ことです。

8　学校に行くのが苦しくなった子

中学2年生のSくんは明るいキャラクターの男子生徒です。大きな体格を活かして野球部では4番バッター。クラスの中でもみんなを笑わせるひょうきん者です。

そんなSくんが、学校に行くのが苦しくなってしまいました。

休みがちになってしまい、なんとか学校に行けた日も、保健室で過ごしています。

●ワンフォーオール、オールフォーワン

Sくんと初めて会ったのは、野球部で行ったコーチングセミナーでした。Sくんは明るくてひょうきん者で、チームの盛り上げ役でした。数か月後、Sくんと再会したのは学校の保健室。私が部屋に入ると、彼は保健室のベッドで横になっていました。

「こんにちは、Sくん。今、話せるかな？」

「はい、大丈夫です」Sくんは上半身だけ起こして、しゃがれた低い声で答えました。

「あまり問いつめると過呼吸を起こしますので注意してください」

養護教諭の先生が私の方を見て小声で言いました。

「久しぶりだね、Sくん。あれからどうしていたの？」

「チームの雰囲気がよくなりました。練習も一生懸命やっているし……でも……」

「……でも？」

「なんか、ぼくが……ダメなんです」

「そうか。ダメって、どういうこと？」

「……突然、学校に行けなくなって……行こうと思っても……起きられないです」

「行こうと思ったけど、起きられなかったんだね？」

「お母さんの車できたこともありました……でも学校に入ると苦しくなって」

そう言い終わると、Sくんの呼吸が突然荒々しくなりました。過呼吸の症状です。

養護教諭の先生がすぐにSくんのところにきてくれました。

応急処置が終わると、Sくんは落ち着きました。

「Sくん、落ち着いてきたかな？　無理ならすぐにやめるからね」

「……あ、大丈夫です」

「学校が嫌かな？」

「……勉強が苦手です」

「ハハハ、ぼくも苦手だよ。先生とかクラスメイトはどう？」

「先生は野球部の監督だし。クラスメイトも仲いいです」

「いいね～。同じクラスに野球部の仲間もいるかい？」

「いっぱいいます」

「練習は厳しいかい？」

「厳しいですけど、練習は好きです。……ただ」

「ただ？」

「オレ、きまりごとをちゃんと守れなくて……みんなに迷惑をかけてしまいます」

「きまりごとって？」

「細かい約束事です。時間とか掃除とか礼儀とか……です」

「なるほど、そういう細かい約束事を守れないの？」

「自分なりにやっているつもりなんですけど……ちゃんとやれなくて……」

「そうか～、ちゃんとやれないと誰かに責められるの？」

「みんなで決めたことなんで、やらなきゃダメです。もうすぐ3年生になるのに……」

「そうか～。もうすぐ3年生だね～。夏には最後の大会があるね？」

「はい。でも、今のままだとダメです。**ぼくのせいで負けるかも**しれません」

「どうしてSくんのせいで負けると思うの？」

「生活態度がそのまま野球に表れるから。普段できないヤツは野球もダメなんです」

「でも、野球は好きなの？」

「はい」

「もし体調がよかったら、明日の練習を見に行ってみようか？」

「……大丈夫かな？」

「よし、過呼吸に効くおまじないを教えよう。Sくんの利き手はどっちかな？」

「右です」

「それじゃ、右の手のひらに向かって、3回呪文を唱えるよ」

Sくんは半信半疑な顔で手を広げました。

「オレは野球をやる！　オレは野球をやる！　オレは野球をやる！　さぁ一緒に！」

「オレは野球をやる！　オレは野球をやる！　オレは野球をやる!!!!」

私はSくんと一緒にこの呪文を3回唱えました。3回目は大声で絶叫しました。

「今、どんな気分かな？」

「なんかスッキリしました」

Sくんのコーチングの後、野球部のメンバー全員に集まってもらいました。

Sくんの状態について説明した後、みんなの思いを聞いてみました。

「Sのキャラはみんなに好かれている！」

「あいつがいないと野球部の笑顔が減る！」

「早く戻ってきて、あのギャグを見せてほしい！」などなど。

Sくんの予想に反して、仲間たちの言葉はどれもあたたかいものでした。私は**みんなのメッセージを手紙にして、Sくんに渡す**ことを提案しました。

数日後、監督から連絡がありました。Sくんが練習に参加しているというしらせでした。

チームの4番が戻ってきました。

3ステップコーチング

①なぜ過呼吸になるのか？ではなく、どうして過呼吸になる必要があったのか？
↓
②「野球がやりたい！」純粋な思いを声に出す。自分自身への勇気づけ
↓
③ワンフォーオール、オールフォーワン。他の子供たちからの勇気づけ

思春期になると自我が芽生えます。**自我とは「自分とは何か？」**という問いです。自分への探索が始まると、同時に他者との比較も始まります。**比較からは競争が生まれ、競争からは勝者と敗者**が生まれます。Sくんは自分のことを敗者だと思い込んでいました。そして、はげしく自分を責めることで、過呼吸という症状をつくり出しました。**他者と競争すればエネルギーを消耗します。補い合えば、相手からエネルギーをもらいます。**

「早く戻ってきて、あのギャグを見せてほしい！」仲間が言った一言が、Sくんを勇気づけました。**ワンフォーオール、オールフォーワン。私たちはチームです。**

9　イジメられている子

中学3年生のMくんはひどいイジメを受けていました。イジメが始まったのは小学6年生から。些細なことで言い合いになったのが発端でした。イジメは徐々にエスカレートして、「くさい」「キモい」「バイキン」と陰口をたたかれ、あからさまに無視されるようになりました。中学生になってからも状況は改善されず、ますますひどくなるばかりです。Mくんは学校に行けなくなり、家庭内暴力をし始めました。このような難しい状況の中、先生なら、どんな声かけをしますか？

●シャドウエフェクト　心の闇を自分の一部として受け入れる

Mくんと初めて会ったのは彼の自宅でした。すでに心療内科の診察を受けていて、薬を使った治療を続けていました。しかし、あまり改善がみられず、家庭内暴力はますますはげしくなっていました。Mくんはひとりっ子。お母さんとおじいさんと入院中のおばあさんの４人家族でした。

「こんにちは、Mくん。今日の調子はどうかな？」

「こんにちは。今日は調子がいい方です」

Mくんは利発そうな顔立ちの子です。とても家庭内暴力をするなんて想像できません。

「今日は学校を休んだの？」

「はい、２学期からはあまり行っていません」

「そうか〜。学校、面白くないの？」

「面白くないっていうか……最悪です」

「最悪か〜。どういうところが最悪なの？」

「全部ですよ。クラスのやつも。先生も」

「最初から最悪だったの？」

「クラス替えがあったときからです。メンバー見て、これで終わったと思いました」

「メンバー？」

「ぼく、６年生からイジメられていて、そのときの主犯が同じクラスになりました」

「そうだったんだ〜、で、新しいクラスでもイジメはあったの？」

「ありました。キモい、くさい、死ね……頼むから学校にこないでくれ……とか」

そう言いながら、Mくんの目には涙がたまっていました。

「なるほど、それはキツかったね……。ところで、家では何をしているの？」

「ゲームをしたり……あと、レンタルした映画を観たりとか」

「いいね〜映画は何が好き？」

「……『サマーウォーズ』は面白かったです。主人公は高校生なんです」

「いいね〜！　なんか面白そうな話だね！」

Mくんが初めて笑いました。厚い雲間から光が差し込んできたようでした。

「今、観たい映画はあるの？」

「今ですか？　……『バケモノの子』ですかね〜」

「これから行こうか？」

「これからですか？」

「うん。だって暇だろ？」

「たしかに暇ですけど……これからですか?」

お母さんの許可を得て私たちは映画館に向かいました。

そして、Mくんと一緒に映画を観ました。思った以上に面白い映画でした。

映画の後はアイスクリームショップに行きました。

「Mくん、映画、面白かったね〜いちばんどこがよかった?」

「主人公が成長して強くなっていくところです」

「結局、**主人公が戦っていたのは自分自身**だったね?」

「そうですね。なんか、**心の中にあるドス黒い感じ……共感しました**」

「誰にでもあるよね? 心の中にドス黒いもの」

「えっ? そうなんですか?」

「**シャドウエフェクト**って言うんだよ」

「シャドウエフェクト?」

「人間は誰にでもシャドウがある。**シャドウって心の闇って意味。シャドウも自分の一部**だから、シャドウを否定するってことは自己否定だよね。自己否定はつらいよね」

Mくんは、何度もうなずいて聴いていました。

「だから、**シャドウを否定せずに、それも自分の一部だと思って受け入れる**んだ。そうすると、シャドウが暴走しなくなる。今日の映画ではそれを見事に表現していたよね」

「そうか〜、そういう意味だったんだ〜」

「ところで、Mくんは、将来、どんなことをやってみたい？」

「ぼくは……宇宙関係の仕事をやってみたいです」

「宇宙か〜、いいね〜！」

「はい、小さい頃から、興味がありました〜」

「いいね〜！　Mくんが大人になる頃には、宇宙の謎もだいぶ解明されているよね」

「はい、楽しみです」

「高校行って、大学行って、宇宙の仕事って感じかな？」

「そうですね〜まずは高校に入らないといけないですね……それから大学です」

「うん。まずは高校だね。Mくん、時間があったら、また映画行こうよ」

「はい、行きたいです」

それから、ときどきMくんに会って映画を観に行きました。不登校は改善されませんでしたが、会う度にMくんが元気になっていくのがわかりました。

▼▼▼ 3ステップコーチング

①お説教しないこと。不登校を否定しないでMくんの気持ちに寄り添う
↓
②絶対に孤独にしないこと。カウンセリングよりも、ときには映画に行く
↓
③心の闇を受け入れるまで待つこと。自己否定からの脱出

ある日、Mくんが**「大学で心理学を学びたい」**と言い出しました。理由を聞くと「心理カウンセラーになって、**自分と同じ境遇の子供たちを救いたいから**」と答えました。

その後、Mくんは高校に進学せずに、遠くの町のフリースクールに通うことを決めました。同時にひとり暮らしも始めました。ときどき帰省したときは、会って映画を観に行きました。現在のMくんは、大学で心理学を学んでいます。もしかしたら、イジメも不登校も家庭内暴力も、**彼にとっては必要な経験**だったのかもしれません。Mくんは**自らの心の闇を受け入れる**ことで、次のステップを踏み出すことができました。

10　問題行動を起こした子

高校2年生のKくんは、名門高校の運動部に所属しています。この高校の運動部はスポーツ特待生が多く全国屈指のレベルを誇っています。Kくんは一般入試を受けて入部したのでBチーム（主力メンバー以外で構成されたチーム）に所属しています。試合に出る機会もほとんどなく練習では補助係です。これまで頑張ってきたKくんですが、ある日突然、気持ちがプツンと切れてしまい喫煙をしてしまいました。

●「なんのために？」という問いかけが、しなやかなメンタルをつくる

Kくんと会うのは3度目ぐらいでしたが、直接話すのは初めてでした。チームの中では目立たない存在で、印象に残ることもありませんでした。

「こんにちは、Kくん、何か問題があったようだけど、どうしたの？」

「……はい、やらかしてしまいました」

「やらかしちゃったのか～、今はどんな気持ちなの？」

「チームのみんなに申し訳ない気持ちです」

「喫煙は初めてやったの？」

「……地元の仲間と一緒に何度か」

「Kくんは学校の寮生だよね？」

「はい、寮生です」

「寮内でタバコ？」

「いえ、さすがに寮内は無理なんで……外で……です」

「なるほど、いろいろ工夫したんだな（笑）」

「……いや……そうですね」Kくんの表情が少しやわらいだように見えました。

「処分は決まったの？」

「学校の方はまだです。部活は謹慎です」

「そうか～、しばらく練習には出られないか？」

「そうですね……っていうか、部活やめるかもしれません」

「やめるのかい？」

「……まだ決まってないですけど……チームに迷惑をかけたんで」

「そうか～。それは残念だな～部活はつらかったかい？」

「つらいときもありました……でも、嫌じゃなかったです」

「Kくんは一般入試だったね？　いい選手がいっぱいいるから大変だっただろ？」

「そうですね～レベル、マジで高いんで……」

「だけど、２年生の冬までやってこられたね？」

「はい、ここまでは……」

「諦めるかい？」

「……これ以上やっても……意味ないんで……」

「意味がない？」

「はい。意味ないです。Ａチームでやれるわけないし……」

Ｋくんの語気が強くなりました。きっと、強い思いがあるのでしょう。

「Ｋくんは**なんのために部活をやっていたの？**　Ａチームでプレーするためかい？」

「……Aチームで全国に出るのが夢でした」

「どうしてこの学校を選んだの？　Kくんの地元に全国をねらえるチームはあったでしょ？」

「そうですけど……中学のときに試合を見たんです。そのときに決めました」

「なるほど。中学のときに決めたんだね？」

「はい。この学校に入って全国を目指すって」

「レベルが高いのはわかっていた……だけど選んだ。Aチームでやれない可能性もあるのに」

「……そうです。Aチームでやれなくても**チャレンジしたかった**ので……」

「チャレンジ……かい？」

「はい。レベルの高いチームでチャレンジしたかったんです」

「いいね〜。今の自分はどうだい？」

「……」Kくんは黙ったまま壁を見つめていました。

「今は……全然ダメですね……やってないです」

「そういう自分のことをどう思う？」

「……悔しいです」

「悔しいね。……不本意だね。……このままでいいかな？」

「よくないです」Ｋくんは目をキッと見開いて言いました。

「どうしたい？」

「３年の最後の大会まで、みんなと一緒にやりたいです」

「そうだね。それができたらどうなるかな？」

「**やりきったと思えます**……オレ、許してもらえるでしょうか？」

「それはわからない。ただ、**できることはあるんじゃないかな？**」

「……はい、あると思います」

「例えば？」

「みんなにちゃんと謝りたいです」

「いいね。他には？」

「授業態度とか生活態度をよくします。ゴミ拾いとか、トイレ掃除とかもやります」

「いいね。今言ったことを全部やれたらどうなるかな？」

「はい。……許してもらえるかはわかりませんが、**やりきった感は味わえます**」

▼3ステップコーチング

①「なんのための部活?」（自分自身を見つめ直す問いかけ）
↓
②「自分のことをどう思う?」（悔しさをエネルギーに変える）
↓
③「できることはあるかな?」（諦めずにやりきる体験をする）

Ｋくんは謹慎中に、トイレ掃除などのボランティア活動をやりました。授業態度もよくなり課題提出もしっかり行ったそうです。それから１か月が経ちました。春になり、３年生になったＫくんがチームに戻ってきました。謹慎中の活動を見ていたチームメンバーが彼の復帰を望んだからです。Ｋくんは学生コーチとしてチームを支えることになりました。プレーヤーとしての夢はついえたかもしれません。しかし、最後の大会を仲間と一緒に戦い、**やりきった感**を味わうことができました。**「諦めたらゲームセット」**です。できることを見つけて全力を尽くすという経験は、**子供たちのメンタルをしなやか**にします。

11 結果が出なくて自信を失ってしまった子供たち

M中学校は全校生徒60人を下回る小規模校です。赴任したばかりのF先生は野球部の顧問になりました。野球部のメンバーは10人、これまでの公式戦では一度も勝ったことがありません。劣勢になると簡単に諦めてしまい、負けても悔しがろうとしない生徒を見て、F先生はなんとかしたいと思いました。

●できることを一生懸命。一つ一つ積み上げた先に奇跡が起こる

M中学校は1学年に1クラスしかない小規模校です。周囲は田んぼと畑が広がり、のんびりした空気につつまれています。最初に会ったのは冬のシーズンオフ中でした。子供たちの純朴な笑顔とF先生の熱意が印象的なチームでした。

コーチングは月1回のペースで行われました。引っ込み思案だった子供たちが、徐々に積極的になり、ミーティングでも前向きな意見が出るようになりました。春には新1年生が4人加わり、野球部は14人になりました。

しかし、春季大会は1回戦敗退。結果が出ずに心が折れそうになりましたが、F先生の熱意と子供たちの屈託のない明るさが一縷の望みでした。

6月、M中学校は0勝のまま最後の大会を迎えることになりました。その直前、最後のコーチングを行いました。

「みなさん、こんにちは！」

「こんにちは！！！」14人の元気な声が返ってきました。

「今日は最後のコーチングです。しっかり準備を整えて来週の大会に挑みましょう！」

子供たちの表情はいつにも増して真剣でした。

「振り返りミーティングから始めましょう！　テーマはM中の強みと弱みを知ること。そして1回戦をどう戦うかアイデアを出し合うことです」

さっそく、子供たちは小グループに分かれてミーティングを始めました。

ミーティングはダメだしの反省会や監督の独演会にならないように注意しましょう。

「今日までを振り返って、**成長した部分はなんですか？　そして強みはなんですか？**」

私が問いかけると、グループの代表者が意見をシェアしてくれました。

「最後まで諦めないようになりました」

「元気な声かけができるようになりました」

「エラーが連鎖しなくなりました」

「積極的な走塁ができるようになりました」

発言したときは全員で「いいね〜！」を言って拍手をするのがルールです。

「逆に**やり残したことや改善できなかったことはありますか？　弱みはなんですか？**」

「1年生がボォーッとしていることがまだあります」

「ピンチになると、ちょっと弱気になります」

「バッティングが弱みだと思います」

「強みと弱みを踏まえた上で、1回戦をどう戦ったらいいかアイデアを出しましょう」

「1年生から率先して声を出そう」

「ミスをしても下を向かず胸をはろう」

「笑顔でプレーしよう」

「積極的な走塁をしよう」

「最後まで全力でプレーしよう」

全員がアイデアを出し、話し合うことでモチベーションが上がりました。

そして、このアイデアを活かすために、**未来のシナリオづくり**を行いました。**未来をありありとイメージするタイムライン**と呼ばれるワークです。子供たちは一列に並び、私の声かけに合わせて、一歩また一歩と未来の時空を移動します。

「大会前日、どんな準備をしますか？」

「開会式の入場行進はどんな態度で臨みますか？」

「試合前のアップは何時から始めますか？」

「さぁ、グラウンドに入りました！　一列に並んで元気に挨拶をしましょう！」

「シートノックが始まります。準備はいい？　1年生の役割は決まっていますか？」

「試合直前のルーティンをやりましょう！　円陣を組んでサイキングアップ！」

「さぁ、いよいよプレーボール！」

「初回の入りはどうですか？　元気な声かけはできていますか？」

「フォアボールやエラーもあります！　ピンチのときはどうしますか？」

「積極的な走塁はできていますか？」

1回から7回までをイメージしながら、**実際に体を動かして臨場感を味わいました。**

「最後のチャンスです！　ここでヒットを打てばM中の逆転勝利！」

打者、走者、ベンチメンバー、子供たちはそれぞれのイメージに没入しています。

「打ったぁ～逆転勝ち！！！」

「やった～～！！！」

M中の逆転勝利です！　歓喜の輪ができあがりました。14人の子供たちが抱き合い握手しました。想像の中ですが、念願の初勝利を味わいました。

M中の未来のシナリオは完成しました。最後に、私からのフィードバックを伝えました。

「結果はコントロールできません。だけど、できることはあります。プレーボールからゲームセットまで、**どんなピンチでも『いいね～！』を言うこと。絶対に諦めずに最後まで全力でプレーすること。そして、とことんエンジョイベースボールをすること！**　この3つのことをやりきってください。結果は後からついてきます」

「はい！！！」

14人の元気な声がグラウンドに響きました。

3ステップコーチング

①現状を俯瞰。結果は出ていないけれど、成長している部分もあることに気づく
↓
②タイムライン。未来のシナリオを描き勝利を味わうことでワクワク脳をつくる
↓
③結果を手放す。できることを一生懸命。プロセスを徹底する

1週間後、私のスマホに1通のメールが届きました。M中学校のF先生からでした。私はおそるおそるメールを開きました。**「優勝しました!」**。最初は目に飛び込んできた言葉を理解できませんでした。何度か読み直して、ようやく「本当に優勝した」と確信しました。M中学校にとって、実に50年ぶりの優勝でした。**できることを一生懸命やる。**簡単なことなのに、なかなかできません。結果にとらわれ、目の前の出来事に振り回されてしまうからです。大切なことは、**結果を手放して、プロセスを徹底すること**です。愚直かもしれませんが、**できることを一つ一つ積み上げた先に奇跡が起こる**のだと思います。

12　先生と対立してしまった子供たち

県立D工業高校はちょっとやんちゃな昭和のにおいがする学校です。Y先生はベテラン教師で運動部の顧問。自身も学生時代に全国大会に出場した経験があり、指導者としても県内屈指の実績を誇ります。ところがこの1年間、喫煙、万引き、部内暴力と立て続けに問題が起こりました。学校から厳しい処分を受け、部活動もしばらく自粛。当然ながら、Y先生と部員の関係は最悪の状態です。

●コミュニケーションは、協力するためにある

D工業高校の生徒たちに会ったのは4月の下旬でした。長い謹慎を経て出場した春季大会は1回戦敗退。Y先生と部員の溝はいまだに深く、チームはギクシャクしたままでした。

「春季大会の結果は残念でしたね。みなさんはこの結果をどう感じていますか？」

50人以上いる部員が一斉ににらみつけてきました。

「春季大会で100％やりきったと言える選手はいますか？」

私は生徒をランダムに指名して意見を求めました。

「納得できるプレーができなかったので30％」

「勝てる相手に負けたので10％ぐらい」

「やりきった感で言うと０％」

「なるほど、かなり不本意だったようですね。さて、夏季大会まで残り50日しかないけど、みんなはどうしたいですか？」

「最後の夏なので、絶対に悔いを残したくない」

「もう一度、基本に戻って徹底的に練習したい」

「生まれ変わって最高のチームにしたい」

「いいね～！　今言ったことを、本気でやってみる気はありますか？」

「はい！！！」意外にも素直なリアクションが返ってきました。

私は**「ぶっちゃけミーティング」**をやってみることにしました。お説教や反省会ではなく、**全員が本音でポジティブに話し合う**必要があると感じたからです。

「チームのキャッチフレーズを決めましょう！　聞いただけで**勇気が出るキャッチフレーズ**です！」

「チームのキャッチフレーズ？」

生徒たちは少しとまどっていましたが、どんな意見も否定せずに「いいね～！」と言って拍手すると、どんどんとユニークなアイデアが出始めました。

「愛すべき泥軍団。下克上で全国へ！」

これがD工のキャッチフレーズでした。やんちゃなD工らしさを感じました。

「次は選手一人一人のキャッチフレーズを決めましょう」

「キャッチフレーズ＝役割」です。

部員50人全員に役割があることに気づいてもらえたら成功です。

「D工の仕事人」「D工の元気玉」「D工の守護神」「D工の微笑み王子」「D工のおかわりくん」など一人一人の個性を活かした「キャッチフレーズ＝役割」が決まりました。

ムードがグンと上がったところで、いよいよ最後の仕上げです。

「さて、もう1つキャッチフレーズを決めます。監督のY先生です！」

Y先生は照れくさそうに私の横に立ちました。

「さぁ、みんな～どんなキャッチフレーズがいいかな?」

私がそう言うと、生徒たちは一斉に下を向き、口を真一文字に閉じました。

「さぁ、みんなアイデアを出してよ～」

いくら呼びかけても、誰も答えてくれません。Y先生も居心地が悪そうです。

「DTの鬼……でいいんじゃね?」ようやく誰かが言いました。

「DTのゴリラーマン……とかは?」今度は笑いがもれました。

Y先生もガハハ～と大笑いをしました。

これをきっかけに、面白いアイデアが出てきました。

とはいえ、ほとんどがY先生をイジッたものばかりでした。

教室が笑いにつつまれてくると、雑談のようなフリートークが始まりました。

「なんだかんだ言っても、オレ、Y先生に感謝しています。先生だって家族がいるのに、日曜日も祝日も、いつもオレたちの練習を見てくれる。ホント、**マジでリスペクト!**」

ちょっと意外な発言のおかげで、話題の方向性が変わりました。

「オレも、Y先生に言いたいです。1年生のときに問題起こして、部活やめようと思ったときに、『やめるな！　やればできる！』って励ましてくれました。おかげで今日まで続けることができました。**Y先生、ありがとうございます**」

Y先生の顔を見ると、目にいっぱい涙がたまっていました。

「Y先生、いつも問題ばかり起こしてすみません。だけど、オレ、このチームが好きです！　だから、最後まで一緒にやってください！　先生、**オレたちと一緒に全国へ行きましょう！**」

とうとう、Y先生の目から涙がこぼれ落ちました。

「ありがとう。みんな、ありがとう……。**オレはみんなに謝りたい。**いつも、諦めるなって言ってきたけど……、**オレが諦めてた……。ごめんな……。**このチームはまだ終わってなかった。残り50日、**オレもガンバルから、お前らもガンバレ！**　みんなで下克上を起こそう！！！」

そのとき、生徒たちが一斉に立ち上がり、Y先生の周りに集まりました。

まるで優勝したような騒ぎでした。抱き合い雄叫びを上げました。

Y先生も輪の中に加わりました。チームが1つになりました。

ちなみに、Y先生のキャッチフレーズは「D工のレジェンド」でした。

3ステップコーチング

①説教しない。「どうなったらいい？」をキャッチフレーズで表現
↓
②本音でポジティブに話し合うこと。感謝は最高の勇気づけ
↓
③本気の50日間を経験することで、先生も生徒も成長する

D工は全国大会へ進むことはできませんでしたが、あの日を境にチームは生まれ変わりました。**「本気の50日間」**は子供たちの人生に大きな影響を与えたはずです。また、Y先生にとっても、指導方針をステップアップさせる大きなきっかけになりました。カリスマ指導者のトップダウンから選手の自律心を引き出すボトムアップへ。子供たちだけではなく**先生自身も成長した**ように思います。どんなに困難な問題が起きても**子供たちと向き合い本音でポジティブ**に話し合えば解決の糸口は見つかるものです。**コミュニケーションの目的は、対立ではなく協力すること**です。互いに協力して困難を乗り越えましょう。

13　生徒に反抗されている先生

高校1年生の担任をしているS先生は、ベテランの女性教師です。S先生はクラスのAくんのことで悩んでいました。なぜなら、Aくんの成績が2学期に入ってから急降下したからです。定期考査では白紙の答案用紙が出されました。真面目な性格で学級委員も務めるAくんに、いったい何があったのでしょうか？

●反抗や問題行動は子供たちからのSOS

S先生はとても穏やかな口調で話すやさしい印象の方です。ベテラン教師らしく、落ち着いた物腰ですが、Aくんのことになると動揺を隠せませんでした。想定外の問題行動に「どうしたらいいかわからない……」そんな状態でした。

「実は、Aという生徒のことで困っておりまして……」

「Aくんですね。何があったのか詳しく話していただけますか？」

「2学期に入って成績が急降下しました……あまりにもひどい下がり方なので、どうしたものかと思いまして……。決して悪い子ではないんです。1学期の成績は中くらいで、部活動も頑張っているし、学級委員もやっていますし……」

「なるほど、成績が急降下しているんですね」

「何度か個人面談もしています。『諦めないで頑張ろう』って言うと、『頑張ります』って答えるんですが、成績はいっこうに改善されません」

「個人面談をしたんですね。『頑張ります』って言うけど結果が出ていない？」

「先日は、Aくんのお母さんにきてもらって三者面談もしたんです」

「どうでしたか？」

「だいぶ反省しているようでしたが……」

「お母さんはどんな感じでしたか？」

「感情的になることもなく、Aくんを諭している感じでした」

「ちなみに、Aくんのお父さんと会われたことはありますか？」

「あります。お父さんも高圧的なところはなかったです。むしろ、Aくんのことを理解しようと努力しているように見受けられました」

「なるほど～。1学期の様子はどうでしたか？」

「真面目でいい生徒でした。教師にとっては扱いやすいといいますか……」

「部活動も熱心に取り組んでいるとおっしゃっていましたね？」

「はい。本当に模範的な生徒だったんです……」

「2学期になってから、どんな変化がありましたか？」

「部活も学級委員も変わらず熱心です。成績だけが急降下しています。理由は私にもわかりません……謎です」

「そうですね～、たしかに謎ですね」

「先日の定期考査では白紙の答案用紙を出しました」

「白紙ですか？」

「はい。その前のテストでは4択問題に全部1と記入して提出しました」

「なるほど。Aくんの行動を先生はどう思いますか？」

「諦めているのでしょうか……」

「そうですね。Ａくんは、そもそも成績を上げる気がないのかもしれませんね」

「……どうしてそうなったんでしょうか？」

「アドラーは**すべての問題行動には目的がある**と言っています。原因も大切ですが、Ａくんの行動の目的にもフォーカスしてみましょう」

「……何があったのかな」

「きっと、勇気をくじかれたのですね……もしそうだとしたら『ガンバレ』などの叱咤激励は彼をますます苦しめます」

「はぁ……私がやったことは逆効果だったんですね……」

「そんなことはありませんよ。Ｓ先生の立場で頑張らなくていいなんて言えないです」

Ｓ先生が大きなため息をつきました。

「勇気をくじかれた子は心に痛みをかかえています。その**痛みに寄り添って**ください」

「痛みに寄り添う……ですか？」

「はい、看護師さんのように、ここが痛いのねって、手のひらをあてる感じで」

Ｓ先生は手を広げて、自分のお腹のあたりにあててみました。

「そうです。そんなふうに痛みに寄り添って、『いつから痛くなったの？』『どんなふうに痛む？』『痛くなった理由……何か思いあたることはない？』って聞いてみるんです」

「なるほど……」

「こんな成績じゃ、どこの大学にも行けないよ！　ぐずぐずしてないで早く勉強しなさい！　なんて正論を言っても彼の心には響きません」

「そうですよね……つい正しいことを言わなくちゃって思うんです」

「**ときには正論を脇に置いて、子供たちに寄り添うこと**も大事ですよ。そして、問題行動には目的があります。彼は意図的に問題を起こしています。それは、ある意味、**わかってほしいというサイン**です」

「わかりました。もう一度、Aくんと話してみます。……っていうか、Aくんの話を聴いてみます」

「いいですね～。そこから始めてみましょう」

「はい。ありがとうございます」

「Aくんはラッキーですね。S先生に担任してもらって、気づいてもらえてよかったです。もし放置していたら、成績だけじゃなく人生まで急降下する可能性もありました」

S先生は深々と頭を下げると、静かに立ち去りました。

▼3ステップコーチング

①ときには正論を脇に置いて、子供たちの痛みに寄り添う
↓
②すべての問題行動には目的がある。白紙の答案用紙の目的は？
↓
③反抗や問題行動は、子供たちからのSOSのサイン

アドラー心理学では、人が**問題行動を起こす目的は5段階**あると考えられています。①**称賛欲求**、②**注目喚起**、③**権力争い**、④**復讐**、⑤**無能の証明の5つです**。初めはほめてほしいという欲求から、次に「もっと私を見て！」に変わり、それがかなわないと、力ずくの争いに移行します。そして争いに負けると陰湿な復讐を企て、最後は、すべてを諦めて自暴自棄になります。Aくんの状態は5段階の最終段階に達していました。**白紙の答案用紙は明らかに無能の証明**です。一方で、それは**SOSのサイン**でもあります。いち早く、それに気づいたS先生のファインプレーだったと思います。

14　教師としての自信を失ってしまった先生

N先生は赴任して1年で生徒指導を担当しています。年齢は20代後半ですが教師としてのキャリアは短く自分の指導に自信がもてません。先輩教師のように的確な生徒指導はできないし、子供たちを魅了するような授業もやれないと思っています。

●自分のリソースに意識を向ける

N先生は大きな体には似合わないひかえめな声で話す若手教師です。教師としてのキャリアは短く、この学校に赴任して1年しか経っていません。ようやく新しい環境に慣れてきたところで、生徒指導という難しい役割を与えられました。

そのプレッシャーに押しつぶされそうな状態で相談にきました。

「生徒指導の担当になってしまって……困っているんです」

「N先生は生徒指導の担当なのですね？　それで何に困っているのですか？」

「生徒指導は初めてです。他の先生はベテランばかりで、話についていけません」

「なるほど、初めての経験なのですね？」

「コミュニケーションが苦手で……」

「コミュニケーションが苦手だと思っているんですね？」

「私はもともと教師じゃなくて、民間の企業にいたんです」

「ほぉ～それは面白いキャリアですね」

「大学を卒業してメーカーで働いていました。一応、営業でした。まぁまぁ順調だったのですが、親が倒れまして、地元に戻らなくちゃいけなくて」

「へェ～営業マンだったんですね？」

「営業といっても、決まりきったことをするだけですけど……」

「どうして、教師になろうと思ったんですか？」

「公務員ですし、安定しているかなと思って」

「なるほど～、でも、教員採用試験って難しいんじゃないですか？」

「合格できたのはたまたまだと思います」

「コミュニケーションが苦手と言いましたが、営業マン時代はどうしてましたか？」

「お得意様に行くだけだったので、そんなに困らなかったですね」

「なるほど～、とはいえ、コミュニケーションはとったでしょう？」

「そりゃとりました……ただ**相手の話を聞いているだけ**でしたけど……」

「いいですね～！　コミュニケーションでいちばん大切なのは聴くことですよ」

N先生は黙ってうなずきましたが、まだ納得していないようです。

「N先生、プロコーチとアマチュアコーチの差はなんだと思いますか？」

「プロとアマチュアの差ですか？　……なんですか？」

「**アマチュアはアドバイスする、プロはアドバイスしない、**です」

「えっ？　そうなんですか？」

「アマチュアはよいアドバイスをしたいと思っています。つまり自分が解決してやろうと思って相談にのります」

「……ダメなんですか？」

「ダメではありませんよ。善意ですからね。だけど、プロはアドバイスをしようと思わない。あくまでも**問題解決するのは本人**だと思っています」

「絶対にアドバイスをしないんですか？」

「絶対ではありません。ときには経験談を話すこともありますよ。でも、大切なことはアドバイスをしようと思わないことです。しようとすれば、白紙で傾聴することができなくなります。早く自分のアドバイスを伝えたくて、相手の気持ちに寄り添うことを忘れてしまいます」

「なるほど～そういうものですか～」

「アドバイスしたがり屋の人を**アドバイスモンスター**と呼んでいます」

「アドバイスモンスター？」アハハとN先生が笑いました。

「そもそもアドバイスなんて聞かないですよ。人に言われたことはやらないものです。他人から読めと言われた本は読まないでしょ？　**人は自分で考えて自分で決めたことしかやらない生き物**なんです」

「たしかにそうですね」

「ただし、**フィードバック**は効果的ですよ。対話をして感じたことをポジティブに伝えることです。**アイメッセージ**とも言います。ああした方がいい、こうした方がいいではなく、私はこんなふうに感じたよって、素直に伝えてあげるんです」

「なるほど、それならできそうです」

「ベテランになればなるほど、アドバイスモンスターになってしまいます。『オレの話を聞け！』ってね。間違いではないけれど、生徒の心に響くかは疑問です」

「なるほど〜」

「N先生は教師としてのキャリアは短いかもしれません。だけど、**他の先生にはないリソース**をもっていますよね？」

「そう言われてみると、民間で働いた経験があるのは私だけですね」

「それを活かして、生徒指導をするとしたらどうですか？」

「そうか〜ただ『成績を上げろ』とは違う指導ができるかもしれませんね。なんか自信が出てきました」

「まずは何から始めてみますか？」

「生徒の話を聴いてみます。白紙で。アドバイスモンスターにならないように」

「いいですね〜！　それがN先生の強みですよ！」

N先生は立ち上がると、胸をはって職員室に戻っていきました。

3ステップコーチング

①「コミュニケーションが苦手」自分にないリソースに意識が向いている
↓
②「他の先生にはないリソースをもっていますよね？」自分のリソースに意識を向ける
↓
③「白紙で、生徒の話を聴いてみます」リソースフルな状態へ

リソースとは、その人がもっている能力、知識、経験、技術などのことを言います。そして、**リソースフルとは、もっているリソースを最大限に発揮している状態**を言います。

他人にあって自分にないリソースに意識が向くと自己肯定感は下がります。N先生はリソースがあるのにリソースフルではありませんでした。**自分のリソースに意識が向くと勇気が出てきます。まずは今あるものでやってみることです。ないものは他者の協力で補えます。**そのために先輩や同僚教師がいます。**できることを全力でやるのがリソースフル。**先生自身がリソースフルな生き方をして、子供たちのお手本となってくれたら最高です。

15　体罰をしてしまった先生

A高校のE先生は運動部の顧問を務める男性教師です。年齢は30代前半で、授業も部活も熱心な指導をすることで信頼を得ていました。ところが、顧問を務める運動部の部員たちが集団で問題行動を起こしてしまいました。E先生は全体責任と考え、厳しい指導をしました。その際、部員の1人が反抗的な態度をとり、E先生はつい手をあげてしまいました。部員への体罰は大きな問題となり、E先生は謹慎処分となり、それをきっかけに部員との信頼関係も崩れました。そして半年後、再び集団での問題行動が発覚し、新聞沙汰になってしまいました。

●先生が変われば、子供たちが変わる

私がA高校を訪れたのは、数か月に及ぶ長い謹慎が明けた当日でした。

E先生はこの日をチームの再出発の日にしたいと考え、全員参加のコーチングセミナーを企画しました。

「みなさん、こんにちは！」

「こんにちは……」子供たちはかなりかたい表情をしていました。

私は本題に入る前に、早めにアイスブレークをやって、カラダの状態を整える必要があると感じました。アイスブレークにはE先生にも参加してもらいました。ところが、E先生とペアになってくれる部員が見つからず嫌な空気が流れました。

なんとかアイスブレークを終えて、言葉を整えるゲームを行いました。

「4人1組になって、**『いいね〜プレゼントゲーム』**をやりましょう！」

子供たちはすぐに4人1組になりましたが、E先生が入るグループがなかなか見つからず、またも嫌な空気が流れました。ようやくE先生のグループが決まり、一人一人に「いいね〜！」を言うゲームが始まりました。

「冬場の筋トレ、頑張っていたね〜、いいね〜！」

「いつも明るい笑顔がいいね～！」

「髪型、キマッているね～、いいね～！」

子供たちが互いに「いいね～！」を言い合うと、一気に雰囲気が明るくなりました。

盛り上がったところで、E先生の順番が回ってきました。

緊張した面持ちのE先生を、子供たちが囲むように立ちました。

「先生、イケメンだよね～、いいね～！」

ワァ～と子供たちが盛り上がると、E先生がニッコリ笑いました。

「先生は教え方がうまいと思う～いいね～！」

この言葉をプレゼントしたのはAくんでした。Aくんはあまりうまい部員ではありません。E先生は、Aくんの意外な言葉を聞いて嬉しさを隠しきれない様子でした。

言葉を整えるゲームが終わると、E先生と子供たちの間にあった見えない溝が少し埋まったように感じました。

「それではコーチングトレーニングを始めます。2人1組になって、互いに話し合い、アイデアを引き出すトレーニングです」

E先生を含めた全員が2人1組に分かれてコーチングを始めました。

「最初の質問です。**『今のチームの状況を色で例えるなら何色ですか?』**。そして、どうしてその色を選んだのか理由も聞いてみましょう!」

「今のチームの状況は黒。まだ光が見えない状況だから」

「今のチームはグレー。ようやく処分が解けて、黒からグレーに変わったから」

「今のチームの状況は、黒に近い紺。夜明け前のイメージだから」

「なるほど」私は感心しました。

一見無責任に見えた子供たちは、**チームの現状をしっかり俯瞰**できていました。

「それでは2つ目の質問です。**『3か月後、チームはどんな色になっていますか?』**。そして、その色を選んだ理由も聞いてみましょう!」

3か月後には全国大会があります。全国大会に出場することがA高校の悲願でした。

「3か月後はオレンジになっている。オレンジはみんなが笑顔のイメージ」

「3か月後は赤! みんなが燃え尽きてやりきっているイメージ」

「3か月後はスカイブルー。夜が明けて太陽がサンサンと輝いている」

部員たちの口から、次々と**ポジティブな言葉が飛び出して**きました。

ちなみにE先生は「バラ色の赤。このメンバーで最高の夏になっている」と答えました。

「それでは最後の質問です。**『3か月後の色になるために、できることはなんですか？』**。どんなアクションをしたらいいか、全員でアイデアを出しましょう！」

「部活を楽しむこと」「一生懸命練習すること」

「ワンフォーオール、オールフォーワン。団結すること」

「プラスの言葉を言うこと」「元気な挨拶をすること」

「同じ目標をもつこと」「互いに尊敬し合うこと」

部員たちは次々とアイデアを出しました。昨日まで謹慎中だったチームとは思えません。

E先生は**「選手たちの思いに寄り添うこと」**と発言しました。

すると、子供たちが嬉しそうに拍手をしました。

そして最後に、私からのフィードバックを伝えました。

「人は間違いを犯すものです。みなさんは間違いを犯しました。E先生も間違いを犯しました。だけど、人はやり直すこともできます。**転んだら立ち上がって、また歩けばいいのです。**もう一度やってみましょう。できることから1つずつ、やってみましょう。奇跡は偶然起きるのではありません。**奇跡は小さなチャレンジを積み上げた結果として起きるのです。**A高校のみなさん、奇跡を起こしましょう！　心から応援しています！」

▼3ステップコーチング

①準備体操「カラダを整える」と「言葉を整える」で、場の空気をよくする

↓

②現状の俯瞰と未来の想像。先生が教えるのでなく、子供たちが話し合う

↓

③先生が変われば子供たちが変わる。先生と子供たちは合わせ鏡の関係

コーチングの後、E先生と振り返りミーティングをしました。E先生は3つの約束をしてくれました。それは、**「笑顔で傾聴すること」「いいね〜!をたくさん言うこと」「子供たちを信じること」**でした。情熱的な指導はすばらしいことです。しかし、指導者が子供たちを強制的にコントロールしようとすると、子供たちに過大なプレッシャーがかかり、心がズシンと重くなります。**心の中に「ネガティブな思い=重い」がたまると、問題行動が外側に飛び出してきます。**先生の言葉かけで、子供たちの心を軽くしてあげましょう。**先生が変われば、子供たちが変わります。**

【参考文献】

『4つの気質と個性のしくみ』ヘルムート・エラー著　鳥山雅代訳（トランスビュー）
『勝手にモチベーション』平本あきお著（ロングセラーズ）
『成長のための答えは、選手の中にある』柘植陽一郎著（洋泉社）
『子ども「自立」を育てるスポーツコーチング』畑喜美夫・All Days Sports著（池田書店）
『教師のための叱らない技術』庄子寛之・原潤一郎著（明治図書）

【著者紹介】

津村　柾広（つむら　まさひろ）

NPO 法人 RYOMA 塾：代表理事，㈱アナザーヒストリー：チームフロープロコーチ養成スクール認定コーチ，１２３コーチ for スクール：ファシリテーター養成トレーナー，学校ドリマ先生ファシリテーター

東日本大震災をきっかけに，アドラー心理学をベースにしたコーチングを学ぶ。2013年にメンタルコーチとして指導した弘前学院聖愛高校野球部が甲子園に初出場。以後，チームづくりのスペシャリストとして，学校での特別授業や企業研修で活躍。日本中の子供たちをワクワクさせることがミッション。日本初のスクールメンタルコーチとして，１万人を超える子供たちの夢づくりをサポートしている。

１２３コーチング，講演会，特別授業などの情報：
http://ryomajuku.com/

【イラスト】

すぎやま　えみこ

スクールメンタルコーチ直伝
思春期コーチング
先生のための言葉かけメソッド

2019年９月初版第１刷刊 ©著　者　津　村　柾　広
2020年６月初版第２刷刊　発行者　藤　原　光　政
発行所　明治図書出版株式会社
http://www.meijitosho.co.jp
（企画）茅野　現（校正）嵯峨裕子
〒114-0023　東京都北区滝野川7-46-1
振替00160-5-151318　電話03（5907）6701
ご注文窓口　電話03（5907）6668

＊検印省略　組版所　株式会社アイデスク

Printed in Japan　ISBN978-4-18-061525-4